他者との違いをヨシとすると
宇宙の後押しが始まる

本当の私で生きる

メンタルコーチ
MACO

大和書房

はじめに　他者や世間の価値観で、自分の行動を決めていませんか？

こんにちは。メンタルコーチのＭＡＣＯと申します。私は書籍やブログ、講演活動などを通じ、自分が望む形に、主体的に人生を変えていくヒントや実践法をお伝えしています。

10冊目の書籍となったこの本では、手に取ってくださったみなさまお一人おひとりの人生、この広い宇宙にたった一人しかいない「私」というオリジナルな存在を、心から楽しんで生きる方法について、書かせていただきました。

今の時代、望めばいくらでも楽に情報が受け取れ、社会の進化もハイスピードになるばかりです。そんな中で生きていて、日々なんとなく過ごせてはいるけど、自分らしい人生を生きている感じはしないんです、というご相談を日々多くいただくことから、いずれこういったテーマを本にしようと思っていました。

社会全体の動きが速いと、何かを問われたとき、私たちも素早いレスポンスを要求されることが多いです。そのため自分の本心に問いかけたり、自分は本当はどうしたいのか？　というテーマに向き合う時間や心の余裕が取れないまま、他者や世間の価値観で自分の考えや行動を決めてしまっている人が多くいるようです。

しかし、これはなんだか違う、と感じ始めている方も多いのではないかと思います。

また、自分の本心の選択をして生きていきたい、とすでに思っていても、周囲からどう言われるか、傍目にどう見えるかが気になって行動に移せず、時間だけが過ぎている、という人もいるかもしれません。

今そんなテーマが気になる方に、ぜひこの本を読んでいただけたら嬉しいなと思います。

最初にひとつお断りしておきたいことがあります。

この本の中には「宇宙」という言葉がよく登場します。これはなぜかというと、まず、私たちの存在は明らかにこの大きな宇宙空間の一部に含まれているからです。その中で「人」として肉体を持ち私たちは生きているのだ、という物理的事実を踏まえて説明したいと思っています。

私は、しっかり地に足をつけて「今」という現実を生きることを大事にし、さらに、人が視覚で捉えられない情報と、見えていない部分のエネルギーのパワーのすごさの両方を信頼するようになってから、人生が明らかにクオンタムジャンプ（量子飛躍、世界が一気に拡大する体験）を起こし始めました。たくさんの素晴らしい体験が起こり、自己実現できるようになりました。

なぜそうなるのかという解説のために、本文では、脳科学や、量子力学という物理学の話、そして心理学の話も広く交えながら話を進めさせていただこうと思います。

脳に問いかけをすると、普段知覚できない情報にも敏感になり、情報アクセスがしやすくなります。こういった視点の話からスピリチュアル的な視点の話までを含めて、私は「大いなる宇宙」という表現を使っていきますので、よろしくお願いいたします。

本当の私で生きる―目次

第2章　人生は「主体的に」創る

第3章　自分に問いかければ、答えは必ず出る

第4章 ──「仕事」で私の人生を生きる

第5章 「私らしい選択」で清々しく日常を生きる

第6章 「需要と供給はセット発生」の法則

第7章 本心で生きるからこそ幸せになれる宇宙の仕組み

第1章

今あなたは、
本当の心で生きていますか？

1 何かしっくりこない毎日の連続

今は、様々な情報や知識が、家にいながらにして、簡単にほとんど必要なだけ手に入ってしまうような時代になりました。便利さや面倒のなさだけは、日々どんどん進化しています。

そんな便利な情報社会の中、なんだかしっくりこない、自分らしい人生を生きていないという感覚を持ちながら過ごしている人が、案外いらっしゃるかもしれません。

その理由のひとつが「自分の心の感覚をすっ飛ばしたまま、自分でないものの声が先に脳に飛び込んできては勝手に刷り込まれてしまう」から。

私も書籍や講演等で発信をしている側ですから、こんなことを言うのも変なのですが、**入ってきた情報をどう受け取って処理するかは、明らかに自分で選べます。そしてその選択によって、次どうしていくかの意志が決まります。**この作業は、どれだけ情報があふれる時代になっても果てしなくアナログな作業で、大事にしなくてはならないこと。

しかし、入ってきた情報を自分の心で感じて受け取る前に、これは自分の考えだ、と思い込み、本当に自由な選択ができなくなっている人が多いのではないかと感じます。

これといって大きな問題はないけれど、なんだか自分の人生にハマりきって生きていない気がする、なんとなくしっくりこない毎日が続いている。もしそんな感覚がある場合は、ご自身の本当の心の声を聞いたり、その声を採用して生きたりすることができにくくなっているのかもしれません。

もちろん、情報や知識を楽に手に入れられたり時間を短縮できたりすることで、受け取れる別の大きな恩恵というものがあります。時間を有意義に、違うことに使えたりもします。

物事には必ず陰陽の両面がありますから、楽に情報や知識、他者の考えにアクセスできるようになったことで得られるメリットに感謝しながら、うまく自分の心と付き合っていくと、メリットは2倍以上になるのです。時代の発展とともに受け取っている恩恵と、自分の心の声を生きることとをうまくリンクさせていただきたいなと思います。

違和感は本心が出しているサイン

さて、違和感、という言葉であなたはどんな感覚をイメージしますか？

違和感を覚えたり、モヤモヤする感じがしたり、これは嫌だなと思ったりするとき。こういった感覚や感情が出てくるときこそ、実はとても大事にしてほしい瞬間です。違和感というくらいだから、自分と合っていないのです。でもこの違和感って、実はすごく大事なサインなのです。

私たちが持って生まれた魂は、常に進化していきたいと思っています。常に楽しく生きていたいし、ワクワクする世界を知りたいと思っている。意識はそのワクワクする世界をいつも見たいから、本能みたいに自然と、こうしたいな！　という願いごとを持つのです。

そのために古いものを手放して、次の新しい世界に入っていかなければならない場合がある。だから、現状に違和感を覚えさせるようなことを起こします。「なんかこれ、違う」「気持ちがしんどい」「モヤモヤする」って。

でもこんな感覚を持っちゃいけないわとか、出しちゃいけないとか、出てこないようにしないと、なんて思う必要はないのです。「なんかこれ違うわ……」というものを持っていることに気づかない限りは、それを手放せないですよね。違和感があるからこそ次への土台作りが起きてくるということを知っていてほしいのです。なんの土台かというと、自分という意識の進化・発展の土台です。

だから本来、違和感というのは大切なサインなので、**モヤモヤしたら、本心とつながって進化するタイミングだ！　くらいに思っていてください**。何かを否定すると、エネルギーがそこに注がれてしまうので、否定したものが力を持ちます。否定しすぎると、重要なサインが減ることがあります。

より望ましい人生を構築するためには、このモヤモヤしたサインが自分に何を伝えてきているか？　を「感じていく」ことが大事。

本心を生きることは、本当の自分を生きることにつながっていきます。

本当の自分を生きることがどうしてそんなに大切なのか、この本で少しずつお伝えしていきますね。

2
「人に合わせておけば安心」の裏にあるもの

人と同じ意見でないと不安に感じたり、何かが周囲と異なっていることを良くないことのように思ってしまったりする人は多いものです。

私のところへ寄せられるご相談でも、

「話や行動を人と合わせるのがしんどい。でも、揉めたくないから合わせてしまう」

「世間で多くの人がしていないことをしたい、と言うと変わった人と思われそうで」

というものを数多くいただきます。

これ、お気持ちはすごくわかるのです。私も組織勤め時代、ずっとみなさんと同じ悩みを抱えていました。長年の経験から、そのほうがうまくいくからと思い込み、なんとなく周囲の多数派意見に同調したり、あたりさわりのないポジションを選んだり、無難そうな意見に合わせ（実はこの無難そうな意見、というのが自分の本心を生きていない！）、「自分の心の声＝魂からの意見」は言わないようにする癖が、いつのまにか自然とついていていました。

大勢の意見＝長いものに巻かれては、こうしておけばとりあえず安心だと自分をおさえていたのです。


でも時々ストレスが爆発して、一人のときに「ウオーーーー！」と叫んだりしていました。今思えばこの「ウオーーーー！」が本心だったのです。本当は、この「ウオーーーー！」に隠れた心の声を聞いてやらないといけなかったのですが、してきませんでした。

40歳をとっくに過ぎてからそのことに気づき、遅ればせながら45歳直前で「本当の私」で生きることを実践し始めて今があります。死ぬまでに気づくことができてよかった、と思っています（苦笑）。

今のタイミングでこの本を読んでくださっている方は、もう本当の自分を生きて、宇宙の後押しをもらい、スムーズに人生を創っていく時期にあるのではないかと思います。

「何に違和感を覚えているの?」という問いかけをご自身にしてみて、内側から出てきた声をまず聞いて、受け取ってみてください。

3 世界のあらゆる面白みは「人との違い」から生まれている

日本の人口は1億2600万人以上。世界全体に目を移すと、まさに今、70数億人以上の人が存在しています（2018年4月現在）。

しかし、これだけたくさんの人がいても、自分と全く同じ人、というのは2人と存在しません。人口は増え続けていくでしょうが、それでも自分と全く同じ人間は絶対に出てこない。この神業みたいな事実をあなたはどう捉えますか？

私はこれを「**宇宙からのギフトの法則**」と考えています。

どういうことかというと、私たち人間一人ひとりが、素晴らしい価値ある「唯一無二の個」という存在だからこそ、この世にいったん生を受けたら、自分だけの、たったひとつしかない人生を必ず創造できるようになっている、そういう法則があるのだということ。

こんな宇宙の采配の仕組みがあるから、どれだけ人が増えたとしても、自分と全く同じ姿形で、同じ中身の人生を歩む人は絶対出てこない、ということ。

そして、この宇宙の法則的視点からいうと、人と違っていることそのものが、すでに宇宙からの素晴らしいプレゼント＝恩恵であり完璧な采配。だからこそ、その「違い」を、自分の人生を楽しむため、そして世界を幸せにするために使うことが、大いなる宇宙から下された、私たちへの使命なのではないかと思うのです。

その方法はすごくシンプル。

自分の心の声をちゃんと聞いてあげ、本心を偽らないで正直に行動していくだけ。

そうすると、「人との違いが世界にうまく活かされ」、お互いの違いを認め合いながら、あらゆることがうまく回っていくようになるのです。

人と違うことを「これではいけない」と否定的な要素として捉えるのではなく、「生まれるときに宇宙からもらってきた、自分も他者も幸せにできる大いなるギフトである」と捉えるのです。

実際この考え方を採用しだしてから、私は、自己否定が減り、他者理解が増しました。結果的に私自身を大事にするだけでなく、他者の価値観・人生観も大事にできるようになり、ひいては仕事、人間関係、お金の巡り、パートナーシップ、どれもがみんなうまくいくようになってしまったのです。

「人との違い」という素晴らしいギフトを、ただただシンプルに「それでヨシ！」と認め続けただけで、です。

もしよかったら、人との違いで悩んでいたり、自分を責めていたりする人も、こんな視点で自分自身と他者とのお付き合いを捉えてみてくだされば、と思います。

内的成長のタイミングとは

さてここで、ひとつ質問をしますね。

ちょっと以下の状況を想像してみてください。

・世の中の人すべてが全く同じ仕事に就きたいと思っている
・世の中の人すべての得意分野が、似かよっている
・何かに対して世の中の人すべてが興味を持つ
・1冊の本を世の中の人すべてが絶賛する
・好きなアーティストがどの人もみんな同じ
・ひとつのケーキ屋さんだけ大繁盛して、他の店にお客が全く来ない
・世の中の女性全員が私の彼氏を好きになる
・自分と趣味嗜好がそっくりな人がうじゃうじゃいる

これらをリアルにイメージしてみたら、あなたはどんな風に感じますか？

私はとくに、みんなが自分とそっくりとか、みんなが自分の彼氏を好きになるのは絶対困るし断固嫌だと思ってしまいます（笑）。

それはそうとして、こんな状況になったら、何か違和感がありませんか？　もちろ

んありますよね。あえて表現を極端にしたのですが、おおよそ、もしこういう傾向だったら？　と考えても、違和感は覚えると思います。

周囲にいる人みんなが自分と同じ思考をして、同じ傾向を持つとしたら……。

人と違うことをヨシとしないという考え方や、多数派意見が正しいものだという、昔から日本社会に深く浸透している根拠のない思い込みがありますが、こういった極端な例を想像してみると、ふたつの気づきが起きてきます。

まずひとつめの気づき。

「**違いがあるからこそ、この世界は面白いものになっている**」という仕組み。

生きていると、人との意見の違いで揉めることもありますね。組織やコミュニティ内では、必ずどちらかに決めないといけない案件で、意見が分かれて収集がつかないときもあります。

私は仕事で、いつも意見のまとまらない神経質なテーマを扱う会議のまとめ役を、何年間も担当していた経験があります。当時、その会議がある朝はほとんど出勤拒否状態になっていました。意見がまとまらないのは自分の議事進行の仕方が悪いのだ、と思い込んでいたからです。自分を責めていたあの当時は辛かったなと思います。

しかし、今ならわかるのです。そんなときは、「違い」について学ぶタイミング。人って本当にいろいろな考え方で生きているものなんだから、意見が合わないことだって、話がかみ合わないことだって、当たり前にある、と。

私たちが内的成長をするタイミングはいつかというと、他者の考えを「そんな考え方もあるのか」といったん受け入れ、自分の思いとすり合わせてみて、その状況で、今、何を選んだらベストかを、もう一度中立的視点で考えるという「共生」の練習をするときなのです。

もし自分の思いが採用されなくても、心の折り合いをうまくつけるという練習をするときでもあるのです（このあたりは後述しますね）。

いずれにせよ、この世界にあるあらゆる面白みや楽しさは、やはり「他者との違い」から生まれているのです。

好きな国が自分と違う人の旅行話を聞くと、知らなかったこと、それまで大して興味がなかったことを教えてもらったワクワクを感じ、私も一度行ってみたいな！　と思ったりしますよね。

未知が既知に変わる瞬間、人はとても心躍り、ワクワクするものです。

赤ちゃんを見てください。新しいおもちゃを渡すと、これなんだろう、というように目を丸々と見開いて、嬉々として夢中になって遊びます。知らないことを知る喜びは、そもそも人の本能に根ざしていると言っていいと思います。

もしこれも、みんな同じだったら？　全員が同じ国が好きで、いつも話題が固まってしまったら、本当につまらない毎日ですよね。

人と違う、ということが「良くないことだ」という思い込みがある方は、それをまず最初に外してみていただければと思います。

繰り返しますが、「人と違うことは素晴らしい」のであり、「『違い』が世界を楽しく豊かにさせている」のです。

本心にしたがうほうが、人生は確実にうまくいく

次の気づきです。

「興味や関心、やりたいこと、欲しいものや願いが人それぞれ分かれるからこそ、これだけ人がいても、欲しいものの取り合いになりすぎず、世界中で何事においてもうまく役割の分担と配置が起こる」ということ。

この気づきはとくに、やりがいのある天職に出会いたい人、やりたいことがあるけれど思い切ってやっていいのか今迷っている人の、後押しになるのではないかと思います。

結論は、**やりたいことを素直にやるんだ、と決めてしまって、自分にそれを許したほうが、人生は確実にうまくいく**ということ。本心を偽って生きていると、真の幸せを感じることはできません。

幸せとは、「満ち足りた感覚」だからです。

何かがあるから幸せ、誰かがいるから幸せ、ではありません。自分が自分らしく、条件なしに素直に自分を生きているとき、心にはただ「満ちた感覚」があります。満ちた、とは「足りていない感じがしない」ということ。

何かが足りない、欠けている、と欠乏感や枯渇感があると、人は外に形や条件を求めようとします。そして「〇〇さえあれば」という思考に傾いていきます。この状態で過ごしていると、いつまでも真の幸せはやってこず、いつも何かを手に入れようと躍起になっている状態が続くだけなのです。

満ち足りた感覚で日々を過ごすには、自分の心を無視せず、できるだけ心の声を叶えながら生きるだけでいいのです。

4 本当の運の開き方

誰にでもひとつくらいは、大好きな趣味や、これをやっていると時間も忘れる！という何かがあると思います（今ひとつもないかも、と感じる方も、やりたいことに出会う方法は後述しますので心配せず読み進めてくださいね）。

宇宙の采配の仕組み＝「波動の法則」の仕組みから言うと、この**「大好きなこと」を遠慮なく追い求め続けることを継続していくと、勝手に運は開けるようになっています。**

これは、「波動の法則」が、3次元にいる私たちの現実をそのように導くことになっているから。波動とはエネルギーですから、「エネルギーの法則」とも言い換えられますね。

この「エネルギーの法則」は、例外や寸分の違いなく、誰にでも同じ作用が働くようになっているのです。

しかしひとつ、注意点があります。

「ただし、正直に本当の自分を生きていれば」という注釈がつくのです。

本当の自分を生きるとはどういうことでしょう?

それは、自分の心を偽らないで、出てきた訴えをちゃんと聞いてやり、こうしたい! を体験させてあげながら生きる、ということです。

衣食住を満たすことが主たる目的だった頃から少しずつ社会も変化し、現在は情報も、時間・空間(距離)を超えて、自由に届くような時代となりました。

同時に、自分が求めなくても情報はシャワーのように、必要ないものまで日々勝手に流れ込んできてしまいます。これは便利な反面、現代の問題点とも言えます。利点の裏には問題点がある。物事には必ず表裏がありますので、この部分は、自分で意識してバランスをとっていくことが大切です。

「情報リテラシー」という言葉があります。何にアクセスするかを自分で意図的にしっかり決めて行動しないと、惰性や他人の考えに流されて、いつのまにか自分の心がわからなくなる、という危険性があるのです。これでは本当の運を引き寄せられません。

自分の脳で生きる

自分が意図的に求めない情報が、勝手に脳に入ってきてしまうことは、自分の思考状態や意識に影響を与えます。

私は起業してから多くのクライアント様の悩みを聞いてきました。その中には、普段から他者の考え方（想い）のエネルギーを必要以上に受け取ってしまっていて、それがあたかも自分の価値観であるかのように誤解していたり、自分は一体どうしたいのかという問いに全く答えが出せなかったりする人もたくさんいらっしゃいました。

でも意図を持ち、自分の心の声をきちんと拾うということを習慣にしていくと、みなさん、だんだん変わってくるのです。**主体的に生きるとは、他者でなく「自分の脳で生きる」ということ。**そして真に主体的に生き出すと、宇宙はめいっぱいサポートをくれるようになります。

国という大きなくくりだけでなく、家族、学校、地域、会社、友人関係など、社会を構成する単位は大小たくさんあります。誰でも、必ずどこかの社会的なコミュニティになんらかの形で所属して生きているはずです。複数のコミュニティに属している人も多いでしょう。人は一人では生きていけないようになっているのです（独身とかそういう意味ではなく、他者と全く関わらずに生きられない仕組みということです）。

自分が何をしたいかがわからない、とか、どう生きたいのか自分の思いがわからない、という人は、社会の価値基準、あるいは根拠のないルールに縛られて、自分の思いに蓋《ふた》をして、本心を偽って生きる癖を持ってしまっているのかもしれません。

宇宙的運の開き方をものにするためにも、意図を持って生き、自分の本心を無視しないで過ごすことを始めてみましょう。

5 人が最大のパワーを発揮して生きられるときってどんなとき？

私たちの持てるパワーは、言い換えると「可能性」です。そしてそれは無限！　どんな世界をも創り出せる意識の創造力と、実際の行動力が発揮される源《みなもと》。これが、私たち誰もが持っている内なるパワーなのです（私にはないです、と言わないでくださいね！　まだわからないだけで、必ず誰にでもあります）。

そして、私たちがその最大のパワー（無限の可能性）を発揮できるときというのは、「心と体がゆるんでいるとき」です。

ゆるむとは、自分に対する一切の制限を外しているとき。思考や意識の視点からも、体に対しても、制限を取っ払っている状態ということ。**言い換えれば「べき、ねば」に基づく思考基準、行動基準が全くない状態**ということです。

自分が好きな趣味に没頭していると、時間も忘れてワクワクしますね。その対象にドキドキすればするほど、いいアイデアが次々湧いたり、最高だと感じられる形（もの）が出来上がったりします。

そのワクワク、ドキドキの感覚が自分の波動（周波数）をグーンと上げ、波動の法則に従って、おのずとさらにいいご縁を連れてくるという幸運連鎖が起きてきます。自分の心に正直に生き、制限しないということは、いいことだらけなのですね。

心と体をゆるめよう

ちょっとケースは違いますが、お風呂に入ってリラックスしているときに、ふといいアイデアを思いついた！　なんて経験がある人はいませんか。

あれは心も体もいい感じにゆるんで、「宇宙メッセージ」を受け取れる態勢になっているから起こるのです。直感がよく働く、と言ってもいいのですが、**あらゆる制限から解き放たれたときに、人は自分の頭で計算できないようなパワーを発揮すること**

ができるのです。

こんな人生を体験したい！　という願いを叶えるためには、「べき、ねば」を減らし、自分の思いを生きることを自分に許可し、可能性を最大限に引き出してあげればいいのですね。

そのためには、

「ゆるめる」

「リラックスする」

「〇〇は無理、という思考の制限を外す」

「ワクワクすることをどんどんする」

こんなことを、ただやっていけばいいわけです。

6

あなたがやりたいことは宇宙パズルの重要な1ピース

ここでは、やりたいことを仕事や趣味などに絞って話してみます。

あなたには、今やりたい仕事や、大好きな趣味、もしくは没頭して時間を忘れるほど好きなことはありますか？　ワクワクして、ドキドキして、疲れも忘れて、そしてちょっとくらい困難があっても越えられてしまうくらい魅力的な何かはありますか？

そういう心の感覚があるものは、**「それ、やりなさい！」という宇宙からのお告げ**であると思ってください。

また、具体的な何かでなくても、たとえば職場で、誰かの上に立って取りまとめをするよりは、上司のサポートや裏方が好き、細かいことを調整するのが好きで得意、という人がいますね。世間的には、出世すると目立って「すごいわねえ」と言われることが多いですが、本当に、誰かの上に立つ人だけが、すごいのでしょうか？

ここ、大きな誤解ですよね?!

部下としてサポートする裏方側と上司側とに、宇宙的視点では優劣なんてありません。等価値です。どちらの側も、

「心から好きなことに徹して仕事をしているのか？」

ここが一番チェックすべきところです。

もし両者が、自分のなりたい形を偽らず、心に正直に生きているとしたら、それはベストといえます。「私、裏方仕事が得意！」という方は裏方をワクワクしながらやれば、素晴らしい宇宙貢献をしているのです。

一方、目立つところにいて、人の上に立ち、取りまとめていくことにやりがいを感じる人も同様に素晴らしい宇宙貢献をしています。だから、遠慮なく「社長になる」とか「こんな役職を得て、会社をますます発展させる」などの意図をしたらいいということなのですね。

世間でこれまで当たり前のように言われてきたことは、もう誤解に等しいのです。スケールの大きなことをやっている人がすごい。たくさんお金を稼いでいる人がすごい。有名な人がすごい。大学を出ている人は大学を出ていない人よりすごい……もういろいろ。

たしかにスケールが大きい目立つことをしていると、周囲への影響力は多少あります。でも、だからといってそれが、誰かより優れているとか、すごいという評価になるわけではないのです。

もう今の時代、そんな根拠のない価値観は、宇宙が捨てなさい、と言っていますよ。

どんな人のやりたいことも、結局はひとつのこと——世界が良くなること、発展すること、宇宙全体が幸せになることに最後はつながっていくので、誰のどんな役割が欠けても、大きな宇宙パズルは完成しないのです。

小さな、たった1個のピースがはまらないだけで、絵は完成しない。この小さな1個1個を、私たち一人ひとりが「好きなことで生きる」ことでカチッとはめることができるのですね。

すべての物にエネルギーがあり、役割がある

少し本題から外れますが、宇宙に存在するものにはすべて命があり、そして大事な役割がある、と私は考えています。人だけでなく、動物にも虫たちにも、私たちが普段手元に置いている物たちにも。生物・無生物などの区別もなく。

なぜなら、エネルギーのレベルで捉えたときに、どんなものにも周波数があるからです。「物」にももちろん周波数があります。自分にとってお気に入りのものや、使っていて心地よいものなどは自分と波長が合い、相性が良いということ。

人間の生活をサポートするために宇宙が創造してくれたいろんな物たち。必要がなくなったときに処分することもありますが、私はそのときは必ず「今までありがとう」と感謝の気持ちでお別れするようにしています。そうすると、物たちはその役目を無事終えて、また違うエネルギーに形を変えて、自分のもとへ循環してきてくれる

のです。

エネルギーは自在に形を変えます。元は素粒子なので、何にでもなれるのです（素粒子とは、物質を構成する一番小さい単位です。私たちの思考や意識も、目に見えませんが素粒子です）。ですから、ありがとうと感謝をもってお別れした洋服や雑貨たちが、お金のエネルギーになって帰ってきたり、恋人ができるなど人のご縁に変化したりすることもあるのです。

エネルギーの無限の自在性をぜひ覚えておいてくださいね。この世界はすべてエネルギーでできています。

7 自己実現したくて生まれてきた

そもそも人はなぜ「こうしたい！」とか「こうなりたい！」という願いを持つのでしょう？

私は、これはほとんど本能なのかなと思っているんですね。これといった意図を持たず、ただ息をして食べて、寝て、目の前にある仕事をやって、というだけでも、肉体を生かし続けることはできるかもしれません。だけど、人間って「こうしたいな、こうなりたいな」という意図を大なり小なり、常に持っています。

なにも、「社長になりたい！」などの大きな設定でなくても、それこそ、「今日は美味しいケーキ買ってから帰りたいなー」「彼に電話したいなー」というような些細な願いでさえも、やはり「こうしたい！」という自分の意志、意図なのですから。

こういった、日常生活のレベルの願いも、現状から全く違う世界へジャンプ、変化するような願いも、自己実現を望んでいることに違いはありません。

「人として生まれたこと＝なりたい自分になる旅」を続けて、最後に肉体の死を迎えるまで、願いの叶うプロセスを含めてあらゆる体験を楽しむために、人は生まれてるんだなあと思うのです。

だから「こうなりたい！」という願いは絶対、私たちからなくならない。

ひどく落ち込んで、「もう人生どうでもいいや……」というときももちろんあると思います。私も長年生きてきて、「今願いなんてないよ。もういいの」と言っていた時期がありました。

だけどそんな気持ちも、時間が経つにつれ、でも、やっぱりこうなりたいな、諦めたくないな、と思い直していくんですよね、不思議ですが。今は、肉体が生き続けている以上、願いを持つことは終わらないのだろうと思います。すべての喜びは「こうしたい！」というワクワクした願いから生まれるのだから。

自分が体験したいことをやりきって、また宇宙に帰るために生まれているのだから、その流れに沿って生きることはもはや、私たちの天命ではないかなと思うのです。

みなそれぞれの自己実現をしたくてわざわざ人間の姿で生まれている。そう思っています。

だから、この本を読んでくださっているみなさんには、「（心からの）願いを持つこと」「こうしたい、こうなりたいという意図を持つこと」を、遠慮なく楽しんでもらえたらなと思うのです。

なりたい姿になることは自分には不相応だと感じている人や、幸せになってはいけないという思い込みが顔を出す人、自分以外の人の意見や顔色に気を使って、自分のこうしたい！　をなかなか口に出して言えないと感じている人こそ、今ここで設定を変えて欲しいなと思うのです。

ぜひ、私と一緒にやりましょう！

第 2 章

人生は「主体的に」創る

1 エネルギーを向けたものが現実化する

量子力学という物理学では、意識を向けたところにエネルギー（素粒子）が集まり、意図したことの現象化が起こると言います。これを「観測問題」と言うのですが、観測するのは誰かというと、私たち人、です。

人が観測する、つまり意識を何かに向けると、未来に起こりうるあらゆる可能性の中から一番叶いやすいことが形になっていくプロセスが始まります。**一番可能性が高いものとは、「自分が強く意識を向けているもの」です。**

宇宙物理学では、この世界で目に見えているものは全体の5パーセント程度と言います。私たちは目に映る世界がすべて、と思いがちですが、視覚で捉えられることなんてごくわずか。95パーセントのものは目に見えず、謎につつまれています。その見えていない部分にあるあらゆる可能性が、エネルギーの世界からこの物理次元に顕在化しようと、タイミングを待っています。

このあらゆる可能性を引き出すツールになるのが「私たちの意図的な思考や、こうだと信じている意識」なのです。

人生は、自分がこうだ、と決めた通りにプロセスが起こり、変化していきます。私たちの意識はそれくらい強い力を持っていますから、人生は「主体的に創る」が大原則、と私はお伝えしています。誰かや何かに創られてしまうのではなく、自分が創る。そのために、いつも意図して生きることを身につけてしまってほしいのです。

意図を先に宇宙に投げておく。これは「宇宙に願いをオーダーする」とも言い換えられます。しっかり後押しのエネルギーを流してもらうためには、まず、起きてほしいことを明確に伝えておくこと。そうしないと、サポートする側も何をしてあげたらいいかわからないからです。

そのために、どうしたらいいかをお伝えしますね。

やりたいことや、「こうなりたい！」という意図がすでに明確な人は

さらに具体的な設定を意図してください（明確でなくても悪くはありませんが、明確であるほど脳はよく反応してメッセージを受け取りやすくなります。直感などが研ぎ澄まされて、いい流れをキャッチしやすくなります）。

やりたいことがはっきりしていない人は

「どんな自分になりたいか」を、まず意図します。そうすると、願いがわかる自分に変化していくサポートが起きてきます。気づきのタイミングが増えたり、人のご縁が変わって自分の人生に変化を与えてくれる人が出てきたりします。

どちらの場合も、やりたいことで生きられる自分でいる！　ということと、幸せなエネルギーを循環させられる自分になるという「幸せ繫ぎのリレー思考」で、共に繁栄していくことを意図しているといいですよ。

2 「好き」に意識を向けると、脳はますます「好き」を探す

自分の「私はこれが好き！」という感覚を大事にすることは、自己実現で一番重要なポイントです。ここでは脳の観点から「好きに意識を向けることがなぜ良いのか」の解説をしますね。

脳の機能には多くの不思議が隠れています。私は自己実現法を探求しだして、脳の話ほど好奇心をそそられたものはないというくらいでした。脳とうまく付き合うことで希望が持てたし、願いを叶えていくのに非常に効果的なやり方のひとつと実感しています。

「好きに意識を向ける」の話に戻ります。

脳にはＲＡＳというフィルターシステムが存在しています。日本語では「脳幹網様体賦活系《のうかんもうようたいふかっけい》」という少し難しい名前になるのですが、このＲＡＳには特徴的な働きがい

くつかあります。重要度の高さによって情報を選択する働きや、自分にとって大して必要がない情報は入ってこないように盲点を作り、遮断する働きなどです。

たとえば、新しい白い車が欲しいなと思っている人が街を歩いていると、白い車が目につきます。「白い車」はその人にとって今、重要事項なので、脳が優先的に気づかせるように働くのです。また、友達とカフェで話していて、外に白い素敵な車が走るのを見たとき、白い車の情報が優位に立つと友達の話がそのときだけ聞こえていない、という現象が起こったりします（「え、今なんて言った？」と聞き返すようなときですね）。

これは、重要な情報＝白い素敵な車が優位に立ったため、それ以外のさほど重要でない情報の知覚が消されたため起こります。

このように、脳は私たちがスムーズな生活を送れるよう、情報をつねに取捨選択してくれているのです。外の世界にあふれる情報がすべて同じ重要度で入ってくると、私たちの頭は混乱しパニックになります。そうならないように、自分にとって重要と捉えているものから取り込んでくれる、という働きがあるのですね。

ただ、どの情報が優位に選択されるかは「私たちの意志、意図」が決めますから、これが好き！　と常に好きなものを意識して過ごしていれば、ほうっておいてもその「好き」にまつわる良い情報が勝手に入ってくるように脳が働く、ということなのです。

普段から、嫌なことより好きなことに意識を向けている時間が長い人ほど、その「好きなもの」を引き寄せやすいということなのです。

ただし、いつも機嫌良く好きなもののことだけ考えているというのは難しい部分もありますから、テンションが下がるとき、どうしてもネガティブに傾くときは、63ページの「感情の受け入れ方・扱い方の４ステップ」をやっていただければ、また意識をニュートラルにでき、この問題をクリアできます。安心してくださいね。

3 自分の未来は瞬間瞬間選び直せる

未来への発展的意図をしだした人ほど、内側からモヤモヤするものが余計に出て見えてきます。これは先に進むため、自我を受け入れて昇華させるためのプロセスなので、慌てる必要はありません。通過儀礼みたいなものです。だから悪者扱いはしないでくださいね。

私は最初の著書、『ネガティブがあっても引き寄せは叶う!』(小社刊)を出版して以来、どの書籍でもネガティブ感情を否定しないことと、「あっち行って!」ではなく、ただそこに在ることを受け入れて、共に歩むことを提唱しています。

自分の内にあるものは、全部自分の一部。進化すると決めると、これまで受け入れられなかった自我を受け入れられるという変化が起こるために、いろいろな感情や記憶が上がってきます。

しかし、これもみな、自分の人生を意図的にコントロールするためのプロセスだから、不安にならないで、きちんと受け入れることだけやっていけばいいです。感情は自分に「お知らせ」するサインなのですね。

自分の未来は、自分の様々な感情を受け入れていくことで、自由に創造できるようになります。もし途中でうまくいかないと感じたり、ちょっと違うという感覚が芽生えたりしたときでも、いつでも「自分で選び直すこと」が可能だと覚えておいてくださいね。

では、自由に未来をコントロールするために知っておいて欲しいことを挙げておきます。

＊人間は過去のネガティブな記憶や経験で、知覚が制限され、可能性や希望につながる情報に気づきにくくなる。だからこそ、見たいものを意識的に見る練習をすることが大事。

＊もし、「できない！」というネガティブ思考に惑わされたら、その気持ちを受け入れて、思考を修正する練習が大切。

＊何かひとつのことに強くフォーカスすると、他のことが知覚できなくなる（見えなくなったり聞こえなくなったり、必要な情報に気づかなくなる）。

＊自分の人生に一番重要なことは、自分の願う形で人生が創られること。そのためには「今、何を意識することが一番大事か」に気づき、過去の古い記憶データで物事を良くない結論に導く判断をしてしまわないよう、思考練習を繰り返す。

＊自我は常に外を気にする性質がある。他人が言うことや過去のトラウマは、どれも自分のものではないことを知る。

4 やりたいことで生きられる私になる！

私たちがこれまで生きてきた中で体験したたくさんのことは、脳の神経細胞に刻まれます。その経験をしたとき、自分がどう感じていたか、ということも脳の辺縁系に残ります。感情の記憶というのも蓄積されるので、それが正確であってもなくても、自分の真実みたいになってしまうのですね。

記憶というのは、時間が経てば経つほど再現が難しくなり、細部が曖昧になります。いい加減に情報を取り出して違うタイミングの出来事とくっつけている場合すらあります。

過去に蓄積された記憶が、自動的にまたこうなってしまう、どうせ未来も変わらない、と思わせてしまうだけなので、自分が悪いからだ、と責める必要もないのです。

過去にあったことは、「ああそうだったね、わかってるよ」と自分で自分に答えてあげれば昇華されていきます。量子力学の視点からいっても、いつも「今」しかなく、瞬間ごとにエネルギーは新しく生まれ変わって出てきていますから、過去との因果関係を断つためには、自分の意志を**「過去に生きる私をやめる」と決めるだけでいい**のです。

そう、意志を決めるのです。

これがやりたい！　の願いを実現させていくには、この無意識の判断のところで起きていることを、「次はこうする！」「こうなる！」と意識的に修正することがとても大事なのです。

5

体はいただいているもの。体験し感じて生きることが大事

人間として生まれて一番大事なこと、人間として肉体があるからこそできることが「実際の体験」です。

私たちはともすると、ゴール（願いごと）が叶うことだけを見てしまい、ゴールに向かう道のりを嫌悪したり、いらないと思ったりすることがあります。その理由のひとつに、いつ叶うか見通しが立たないから不安、ということがあるでしょう。

しかし、叶ったゴールを体験することと同じくらい（かそれ以上に）、**「ゴールにたどりつくまでにどんな体験をしたか」が私たちの進化には重要なのです。**

何かをしっかり意図すると、それが叶うようにプロセスが起きてきますが、ときにはうまくいかないように見えたり、落ち込んだり、もうやめようと思ったりすること

もあります。

そんなタイミングで出会って気づきの言葉をくれた人、ふと見た本に書いてあった言葉、大切な人に苦しい気持ちを話したこと、ホッと一息つきたくて入ったカフェで飲んだコーヒーの味。

これらはみんなゴールにたどりつくまでの重要な体験です。この体験を感じながら生きるからこそ、人はさらに内面の進化、気づきを深め、さらなるステップアップのゴールができたり、深い感動を体感することができたりするのですね。

プロセスからの学びが自分を成長させる

頭の中だけでリアルにイメージしたことは、脳にはたしかに強く働きかけます。ありありと描いたイメージで「もうこれは叶った」と脳が勘違いすると、願いが叶うのが早くなります。

ただこれだけではやはり足りなくて、**本当に人が後戻りしない進化をするには、**

「体を通して知る」ということが不可欠です。知識情報の脳内再現だけでは、人は完璧には腑に落ちないのです。実際の体験があってこそ「納得」が導かれるようになっています。

「幸せな結婚生活」をゴールとして設定した人が、実際に素敵なパートナーと知り合い、幸せな結婚生活をスタートさせることは、まさに欲しかった体験をしていることになります。しかし、そのゴール体験と同じくらい、いえそれ以上に、結婚生活が始まるまでのプロセス体験＝パートナーと出会って、何を思い、何を学び、どんな行動をしてきたか、を学びなさい、というのが宇宙の意図なのですね。

願いがどんどん叶うと楽しいです。たくさん意図し、引き寄せる設定をしたらいいです。さらに、その引き寄せる過程での体験が、自分を成長させるということを覚えておいてください。

6
感情の受け入れ方・扱い方の4ステップ

この章の最後として、感情の受け入れ方、意図のし直し方について、4つのステップで解説したいと思います。

人生は自分の意図で自由に創造できる！　とはいえ、やはりその過程で「あー、そうはいっても無理そうだ」「テンション下がってそれどころじゃない」、こんな日が必ずあります。

まず、こういったネガティブな感情や思考についての捉え方についてお話しします。

宇宙の法則の通り、何事にも陰陽は必ずあるので、感情にも必ずネガティブ、ポジティブは存在します。自分の中にどちらもあることが宇宙の形なのですね。

だからネガティブが顔を出しても「これは悪いことだ！」と決めつけないで欲しいのです。まずそこからです！

本当の自分で生きるとしっかり心に決めた人ほど、ネガティブな感情や、ひょっとしたらうまくできないかもしれない、という不安に強く襲われるようになるのです。これはなぜかというと、意識が真に覚醒しだしたからに他なりません。心配になるとは思いますが、**強烈な不安や恐れが出たらシフトのサイン**。本当は喜ぶべきことなのですね。この通過儀礼ともいうべき状態が起きてきてこそ、次の世界に移行できるのです。「あー、やっときたか！」くらいに気持ちの余裕をもって対応して大丈夫です。

しかし、どのように乗り越えていったらいいかは迷うところだと思いますので、感情コントロールの方法をここにまとめておきますね。

こんな感情出てこないで！　とか、あっちに行っててちょうだい！　と言っても実は無駄なのです。軽減されていくことはありますが、ゼロになることはありません。必ずまた出てくるので、払いのけても仕方ないのです。

じゃあどうすればいいか？

ただ、自分と共にあることを認めればいいだけです。

共にある、とはネガティブ、ポジティブに対して善悪の区別をつけない、ということ。ただその感情がある、ということをそのまんま、受け入れるだけです。中立になって初めて「自分の本心」が顔を出せるのです。だから、どんな感情にも良い・悪いのレッテルを貼らず、できるだけ「ただそれがあるのだ」ということを感じるだけにしてください。

ネガティブな感情や否定的な思考から得られるものが、必ずあるんです。それはまず、自分の「本当はこうしたい！」という気持ちが再確認できるということ。面白いことに、**ネガティブの裏にあるのは必ず「嘘のない自分の本心」**なんですね。ですから、ネガティブが出てきたら「気づき」が起こる瞬間だ、と捉えてくださいね。

ただ、ネガティブに支配されっぱなしだと、いずれ「願いを諦める」という方向に思考が向いていってしまいますから、感情を受け入れて、思考を選び直し、願いの再設定をするという作業はもれなく必要になってきます。

慣れてしまうと、自分の感情を俯瞰して、「あー、私、今落ち込んでる……」と眺めることができるようになります。すると、感情にのみ込まれてしまうのではなく、「本心という気づき」だけ受け取り、あとはスルッと思考修正する方向へ向き直すことがだんだん早くできるようになります。だから安心していてください。誰にでもできるようになります。

ここからは感情の受容について、４つのステップで解説します。

ステップ1、感情反応に気づく（心の声、本心をただひたすら聞く）

ネガティブ感情を解放し、望む未来へ向け直すためのファーストステップは、まず自分の感情反応にしっかり気づくことです。

「心地悪い」「モヤモヤする」「苛立ちがおさまらない」「気になって不安が頭から離れない」。こういったネガティブとされる感情たちはすべて「お知らせのサイン」。悪いものではない、と受け止めることを最初にやりましょう。

心地悪い感覚があるからこそ、「何を望んでいないのかがわかり、本当はどう感じたいのか」が見えてくるのです。自分が本当はどう生きたいのか、をきちんと知るために、ネガティブな感情たちにしっかり気づいてあげたらいいのです。


大事なポイントは、そのネガティブ感情にどっぷり入り込むのとは違う、ということ。ネガティブ感情にどっぷり浸かって、余計にテンションを下げるのではなく、「自分はこんな感情や思い込みを持っていたんだなあ……」と、ただただ気づいていく。それだけです。

言い方を変えると、自分のネガティブ感情（闇）の部分に光を当てて照らしてあげる、という感じかな。

これがファーストステップの「感情反応に気づく」ということなんですね。

ネガティブ感情が出てきたら、「万歳、ありがとう」という言葉をかけてあげてください。こういった感情が出てきたからこそ、次は変われる、ということ。

潜在意識からの声は嘘をつきません。あなたを悪い方向へ導こうと出てくる感情ではなく、良い方向へ向け直すためのお知らせだと理解してください。

今まで日常生活の中で、いつもなんとなくスルーしてきたり、こんな不快な感情は持ってはいけない、と蓋をしてきたりした気持ちを、逆にしっかり見てあげることで変化は起きてきます。

特別な対処をしなくても、あなたの本心の声をただただ、「そう思っていたのか」と聞いてあげるだけで大丈夫です。

ステップ2、肯定（感情を優しく抱きしめてあげる）

ステップ1で、ネガティブ感情を浮き上がらせることに対する抵抗を減らし、「こんな感情あったんだ！」「こんな思い込みあったんだ！」と認められるようになったら、次はセカンドステップです。

自分の内側から出てきたネガティブ感情を、「そう思っていい」と全肯定していくこと。

この工程では、「ネガティブな感情だけど、そう思ってもいい。こんな感情が出てきてもいいよね！」と自分の内側から出てきたものを、どんどん肯定していきます。これは自己受容ということでもあり、自分の負の感情や思い込みを抱きしめて寄り添ってあげることでもあるのです。これをしてあげることで、癒やされたネガティブ感情を昇華させることができるのです。

非常に大事で、抜かすことができない作業工程です。

あなたはこれまで、負の感情や、ブラックな思考が出たら「出てくるな！」と反射的におさえつけたり、「持ってはいけない感情を持っている」と自分を責めたりしてきませんでしたか？

その、自動的にやってしまっていた癖を変えるチャンスがここです。

闇こそ抱きしめる、のが正しい手順なのです。

ステップ3、共感する（ネガティブ感情に共感してやり、全部受容する）

出てくる感情をおさえつけず、どんどん出てきてオッケー！　と出るままに解放してあげたら、次はその感情に共感する段階に移ります。モヤモヤした感情が出ること自体を肯定し、出た感情に対して、自分で自分に話しかけて共感していきます。

例）

感情の声：「やりたいことでお金を稼ぐなんて無理。自分には力がない」

自分：「そっか、やりたいことでお金を稼ぐなんて無理だって思ってるんだね。自分には力がない気がしてしまっているんだね」

ポイントは「オウム返しのように」。感情の声と同じ言葉を繰り返します。パートナーや家族、仲の良い友達に悩みごとを話したとき、「そっか、モヤモヤするんだね、つらかったね」と返してもらったことを思い出してください。それを、自分に対して自分がするというイメージです。気持ちをわかってあげるのが他者でなければならない、と思っているなら、それも思い込みです。

心の奥底から出てきたネガティブ感情は「見てもらえた、気づいてもらえた、やっとわかってもらえた」と反応し、抵抗する力を失っていくようになります。

ステップ4、思考修正（問いかけ、決め直し、宣言をし直す）

さあいよいよ、一番大事なステップです。ステップ3まで来られたら、望む願いのほうへ意図を戻していきます。終わり「ヨシ」の設定に戻す、という手順が最後になるんですね。

ネガティブ感情を解放して、きちんと望むほうへ持っていくためのステップですから、「望むほう」を設定することは必須です。

このステップに、私は「思考修正」と呼び名をつけています。この段階に来るにはステップ3までを通過していなければなりません。どこが抜けても4をクリアすることはできないのです。

1から3のステップでは、内側の感情を知ること、ネガティブ感情が出ても否定しないこと、寄り添うこと、などをやってきました。要するに、まだ「ネガティブな思い」の段階で止まっていますね。でもあなたがステップ1から3までやってきた目的は、「望む未来につながるため」です。

だから、この最終ステップで「望む未来」のほうへ意識を再度向け直す、思考を修正する、という作業をして完結させます。

量子力学的にいうと、「周波数=波動」を合わせるという作業になりますが、最後は必ず「そうなった私」を意識し直すことで引き寄せは起きてきます。「どうなっていたいか」で完結させることを忘れてはならないのです。

1から3のステップを経ることにより、あなたのネガティブ感情はもはや敵ではなくなっています。願いを叶えるのに一生懸命抵抗していたパワーは小さくなり、受容・共感とともに癒やしが起こって、あなたの内側に再統合される段階になりました。

この段階に来たら、「望む未来へしっかり意図を向ける」のです。再びネガティブ感情が強く出ることもたまには起こりますが、そんなことを繰り返し、やがてらせんを描いて上がっていく、と思っておけば大丈夫です。

この最終ステップの「決め直し」は、新しい習慣を作るような気持ちで取り組んだらいいです。これがポイントです。気持ちがブレるときはありますから、そんなときは1から3のステップに戻ればいいだけです。

脳が採用する最終到達地点の指令は「欲しい願い」にしておかなければなりません。一連のステップは数回では身につきませんが、ぜひ新しい思考習慣を作る気持ちで繰り返しながら慣れていってくださいね。

第 3 章

自分に問いかければ、答えは必ず出る

1
問いかけによって人生の質は変えられる

自分の本心の生き方に出会うにはまず、**「外」に答えを求めるのをやめる**ことから始めてください。どんなに迷ったときも、自分に問いかけをしていくと、答えが必ず出てくるようになります。

また、宇宙には常に**「いつでもサポートお願いね」**とオーダーを出しておきましょう。この行動が「つながる」作業になるので、宇宙とのパイプができ、そのパイプを通じて自分の内側に答え（本心）が浮上するようになります。

宇宙はサポートや後押しをしてくれるのであって、答えを直接「これだよ！」とおしゃべりで教えてくれるわけじゃないのです。何か感覚的にでも「あ！　これだ！」と気づきが起こる自分になれるように、自分改革のお手伝いのプロセスを与えてくれる存在なのです。

2 答えは自分の中にある

どんな問いかけの答えも自分の中にあります。

私は願いを叶える過程でコーチングを学び、今でも日々セルフコーチングを活用しています。自分に聞くことほど、パワーを取り戻せる実践はありません。

「どうしたいか？」

「どうなりたいか？」

「たった今何を望んでいて、そのために何ができるか？」

これらの質問には、自分以外の誰も答えられませんね。

多くの方とのセッションでコーチングをしてきましたが、「私はこうしたくない！」「これは嫌だ！」という問いにはすぐ答えられても、「私はこうしたい！」がわからない人がとても多かったのです。

コーチングセッションでは、コーチはクライアントの中にある最善の答え、本当の答えを引き出すお手伝いをするのが仕事です。答えを引き出してあげて行動につなげていくように質問していきます。できないという思考や、パターン化した行動を支配している内的状況を一緒に見ながら、新しい状態を引き出すためのお手伝いをするわけです。

コーチにつかなくても、自分に問いかけることで答えが出てくることはとても多いです。まずは、「どうしたいの?」と自分に質問をしてみましょう。

自分で見つけた答えは強いのです。自分に問いかけながら、心地よいやり方、考え方を採用しているうちに、願いを叶える適切な実践が自然と起きてくるようになります。

3
徹底的に自分の心を感じる

頭での計算レベルの自我は、外へ外へ気持ちを向けさせ、外に対処しようと働きます。

しかし意識で生きるようにすると、**本心は内にあり、内に対処しようとすることですべてがうまく動いていく**ことがわかってくるはずです。

なぜなら、外に答えを求めていくときは不満や不足、不安が根底にあるからです。こうなったら嫌だ、また同じことが起きたら困るから……という恐怖や不満足が意図の発端になると、外に答えを求めるように自我が働きます。願いや意図が「起きて欲しくないことを防ぐため」のものになってしまうのですね。

しかし、内なる意識は違います。自分のことを誰がなんと言おうと、「私の心のままに」感覚をとっていいのです。

自分がどうなっていきたいか、何をしていきたいかは自分に聞く。聞き続ける。これでしかわからないのです。

誰かが「こうしたらいいよ」と言ったことを、なんの思考をもぐらせず、鵜呑みにしてはいませんか？　誰かが自分の人生を決めるなんて本当はありえない。そんな大事なことを他人に聞いてはならないのです。自分のことを一番知っているのは自分だけなのですから。これを頭に入れておいてください。


何がしたいかがわからない時期もあります。でも、聞く作業が増えてくると徐々にわかるようになりますので不安になる必要はありません。それよりも、自分に聞くという大切なトレーニングを習慣にしていってください。

「こんなことが起きたけど、私は今、どちらの選択をしたいだろうか？」

「今日は仕事が休みだけど、何をして過ごしたいだろうか？」

質問の答えがどうであっても人生に大して影響がないものもありますね。ランチのあとに、コーヒーを飲んでも紅茶にしても何も困りません。でも、この選択も大事なトレーニングの一部です。取るに足らないこと、人生を生きるにあたって影響がないレベルのことは練習がしやすいからです。

問いかけの答えが出たら、可能な限り、その声を満たしてみてください。自分を満たせる人が、人をも満たすことができます。

これがビジネスだと、お客様を幸せにすることができる、ということになります。自分の内側に満ち足り感がある人がビジネスで成功する人です。

仕事以外でも、自分の内側を満たせる人は、大事なパートナー、子ども、親、友人たちにも幸せなエネルギーを循環させられるのです。

内側からあふれたものだけが人に循環します。内側が枯渇して足りていないと、人からもらいたくなり、奪うほうへ回ろうとまた自我が働きます。他者を幸せにしようとする前に、自分がまず幸せになっておくことが大原則なのです。

そのためには、自分の心を偽らないで採用する練習、行動に移して実際に体に経験させることをし続ける必要があるのです。

幸せそうにしている人のところに人は集まります。

4

答えは外にはない。自分に聞けば出せる

自分に聞き続けているうちに、だんだん「こうしたい！」という主体的な意図が出てくるようになります。**意志力＝意識力**です。意識は育てていかないと育たないのです！

意識のパワーを自在に使えるようになった人に怖いものはありません。ネガティブな感情とも上手にお付き合いできるようになります。何かを決めるとすぐプロセスが見えてくるくらいのパワーを身につけることができるようになります。目標を達成するのに必要な行動を自然と起こしたくなるように心が働くようになるのです。そしてこれをワクワクからの行動、というのですね。

心が「私これが好き」というものをたくさん探してみましょう。食べ物でも、人の

タイプでも、本でも音楽でも、行動でも。

「自分の好き」をたくさん書き出していくと、その中からやりたい仕事にひもづいていく情報をキャッチできたりします。私が「しゃべることが好き」「伝えることが好き」ということから今の仕事を引き寄せたように。

そして自分の「好き」をできるだけ自分の日常生活にたくさん取り入れるようにしてみてください。これは自分の波動（周波数）を上げるのに効果があります。見ているだけで心地よくなるもの、一口食べるとほっとする食べ物、会うとつい笑みがこぼれてしまう大好きな人や動物（パートナーでなくても友達やペットでもいいのです）など。

自分の波動に見合った現実がやってくるので、「好き」を身の回りに増やすことは、自分の本心を知る手がかりになるとともに、自分の波動を上げることにも効果があるのです。

また、「これが苦手、できればやりたくない」というものも知っておくといいです。

決してネガティブな捉え方ではなく、もし可能なら自分の世界に入れなくていいもの、というのは案外たくさんあります。それなのに、嫌でも付き合わないといけない、と思い込んで苦手なことと無理して向き合っていることが多いのです。

素直に「これは嫌い、苦手。だから誰かにここはやってもらいたいな」と認めることも、とても大事です。認めると「それ手伝うよ」とか「私できるよ」という人を引き寄せるようになりますよ。喜んでやりたい人やそれを得意とする人が来るのです。

自分を知るとは、「何が好きで何が嫌いか」をしっかり知るということ。ここから「何が一番したいのか」「どう人生を創りたいのか」が導き出されていくのです。

間違っても「嫌いなものがあってはいけない」などと思わないように。嫌いを知り、嫌いを認めるということは、自分という人生を生きる、大切な第一歩です。自分の好きも嫌いも熟知した人が、本当の心を選ぶことができるようになります。

5
価値観は自分で決める。誰かの人生哲学や価値観が一番正しいのではない

私にもメンターと呼んでいる方々はいますが、その人の人生哲学（価値観）が一番正しいとは思っていません。いいな、と思うことは採用させてもらっていますが、全部鵜呑みにしたり、崇拝したりはしていません。

そしてもちろん、こうして発信している私自身も、私の価値観が正しい、というスタンスでお伝えしているのではもちろんありません！　ただ、私の伝えていることがすごく合う感じがする、しっくりくる感じがするよ、というのであれば、それは波長が合っているというサインであり、やり方、考え方を必要なところは採用すると、スムーズにことが動いていくと思いますよ、というだけです（合わないやり方や価値観にとらわれると、逆に滞りや違和感でいっぱいになってしまいます）。

他人の目が気になる、自分の思考が人の価値観に翻弄されるという方には、これからやっていただけたらいいなと思うことがひとつあります。

それは、**「自分の価値観をしっかり自分で決めること」**です。誰かの価値観を自分の価値観だ、と勘違いするのではなくて「私ならこうだよ」というものがあるはずです。それが自分の周りの大勢の人と、合っていなくても別にいいのです。

価値観は自分が決めるのです。そうすれば、他者の影響をだんだん受けなくなってきます。自分で自分の意志を決めていないと、誰かの言ったことを鵜呑みにしてしまい、それが正しいと誤解してしまうことが起きてきます。

自分の人生哲学を持つ、と意識してみてくださいね。

6 すべての人がいつも完璧な状態で生きている

子どもが学校で数字や文字を学び始めたとき、書いた計算式が「1＋1＝2」になっていないことがあったり、文字のどこかに棒が1本多くて、この世に存在しない漢字になっていたりするときがありますが（笑）、こういう段階に子どもがいるとき、たとえ計算や文字自体が間違っていても、「人生の間違い」ではないんですよね。というか、この子どもの人生自体、いつも完璧なところにあるんです。

また、昔は人を批判して攻撃ばかりしていたのに、今はほんとに思いやりがある人になったねえ、などという人もいると思います。こういう人の、その「嫌な人だった時代」は不完全でダメだったのか、というとそんなことはなく、やっぱり完璧だったのです。思いやりがある人に変化するまでの過程で、何かきっかけになる体験があり、気づきが起こり、心の在り方が変わったのかもしれません。

生まれながらにして、神様や仏様のような人なんていません。人っていろんな体験を通して、自分の在り方を変えていく生き物なので、どんなステージにいる人も本当はみんなオッケーなのです。

他者を見るときに、自分にとって嫌な人であっても、あの人は今そのステージで体験をしているのだな、と捉えるとあまり腹が立たなくなることはあるものです。

宇宙の仕組みは本当に巧妙にできており、誰かの悪態ですら誰かの学びになるようになっています。そしてその悪態をついた本人も学びの最中にいます。すべての人のすべてのステージが完璧であり、どんな人もその人のペースで進化していくので、他者をバサバサ斬ってしまうのではなく、あの人はあのステージをやっている最中なんだな、と捉えておけば大丈夫。

そして、私たちは、自分自身がどう生きたいか、ということに集中していれば本当はいいのですね。

7 やりたい仕事は天から「やりなさい」と言われた仕事

1日のうち大半の時間を費やすのが仕事、という方は多いです。本当にやりたいことをやってお金が巡り、その仕事をする楽しみや喜びを感じられていたらそんな素晴らしいことはないですね。

私は「天職講座」というのを開いていますが、この天職という言葉、辞書で調べてみるとこう書いてあります。

「天から命ぜられた職」「その人の天性に最も合った職業」（広辞苑）

天から命ぜられた、の「天」とは、「宇宙」ということです。あなたはこれをやったら充実感いっぱいで、心が満ち足りて、楽しさ・喜びを感じながらあなたの授かってきた才能（才能は実はどんな人にもあります）をめいっぱい活かして生きることができますよ、という仕事。これが天職です。

私は主婦が一番やりたいの！　という方も、それが天職です。給料が生じる仕事だけが天職ではありません。直接の報酬は生じませんが、主婦という仕事を本当にやりたくてそこに喜びで没頭できると、お金にまつわるエネルギーの巡りは自然とよくなります。

天＝宇宙はあらゆる創造の源。その天がこれやったらいいよ、と教えてくれているのが天職です。それはどうやってわかるかというと、

「とにかく大好き！　これに没頭していたら時間も忘れて楽しめる。どんどんアイデアが湧いてくる。自分だからこそできる役割を感じる」

こんな風に感じる仕事が天職です。天からやりなさいと言われている仕事なのです。だから年齢、現在置かれている環境や状況、スキルが今あるとかないとか、そのような条件にとらわれずやりたいことをやっていくのが、天＝宇宙の意図に沿っていることになるので、サポートが入るため、本当はうまくいくのです。そしてもちろん、自分の心が幸せで満ち足ります。

しかし、先に書いたような年齢とかスキルとか様々な理由で、チャレンジする前に諦めてしまっていることも少なくないと思います。

途中、スムーズにいかないときもありますが、そんなタイミングは必ず何か学ぶときです。人間関係だとか、新しいアイデアを授かるときだとか、そういうときは停滞が一時的に起こる場合もあります。しかし、**停滞がくるということ自体が発展のサイン**なので、心配しすぎず、やりたい道を進む！　と決め直して天職を生きていけばいいですよ。

天職を生きるには、まず「自分が本当にやりたい仕事」を知っていること。まだそれがわからない場合は、「それがわかる私になる！」と決めて日々を過ごすと、素敵な情報が入ってきたり、心の感覚が研ぎ澄まされたりして好きなことがわかってくるようになります。

やりたいと感じる仕事は、天から「やりなさい、それで大丈夫」と言われた仕事です。多くの方が天職を遠慮なく選んで生きられることを望みます。

実践1 自分の本心を聞き、感覚をとれるようになるワーク

自分の心の感覚を受け取り、本心を選んでいくことができるようになるワークをご紹介します。

これは、時間もかからず、場所も取らず、特別なスキルも必要なく、誰にでも簡単にできます。ぜひ、日常生活に取り入れてみてください。だんだん「今ここ」の自分の声とコンタクトが取れるようになります。

私たち人間は社会で関わり合って生きているので、周囲にある情報や他者からの影響で自分の本心がわからなくなってしまうことや、心の声がスーッと流されていってしまうことがあるかもしれません。

心と体は連動しています。脳細胞には、自分が独り言のようによく繰り返している言葉（＝セルフトーク）が記憶されます。同様に、体中の細胞はみ

んな心に影響されています。だからワークは、体も使いながらやるのがおすすめです。

自分の本心を引き出したい、知りたいのであれば「ハート」で感覚と会話するのがいいです。「頭」だけで思考すると、しばしば計算思考（こうしておけばいいのかな……という、「やりたいからやる」ではなく「恐れ」から行動しようとする思考）が働きやすくなり、自分の本心とかけ離れていってしまいます。

重要な選択をして何かを決めたいときや、自分がどうしたいか心の声に向き合ってみたいときなどのワークの手順は、次のとおりです。

1

両手を重ねて胸にあて、目を閉じます。胸に重ねた手から伝わる体温にしばらく気持ちを向けてみます。すると、体温が手から体にじわっと伝わり、その温かい部分に自分の意識が自然と向けられます。ただ、「あったかいなあ……」という体の感覚、気持ちが落ちついてくる感覚をしばらく味わいます。

2
落ちついてきたら、深呼吸してみます。呼吸を整えながら吸って吐き、また自分の両手の体温が体に伝わる様子をしっかり感じてみます。上のほうへ行っていた思考エネルギーが下へ降りてくる感じがあるのではないかと思います（これをグラウンディングするといいます）。

3
その後、自然と湧いてくる心の感覚にしたがって、そのときの自分の心の声をそのまま受け入れて聞いてあげたり、「それでは今どうしたい？」と問いかけたりして答えを自分で見つけていきましょう。

問いかけや自己対話の仕方

《例》

「今何を感じてる?」

「しんどかったんだね、そうだよね」

「本当は○○したい、と思ったんだね」

「このことについて、本当はどうしたいの?」

「何が不安なの?」


心の声に意識を向けて、感覚を受け取る。

どうしたいかの問いかけを自分でしていき、答えを出せるようになる。

こういったことを日常生活に取り入れていくと、他者の声に惑わされることが減り、自分が望むものを簡単に諦めない自分の軸が構築されるようになります。ぜひ習慣にしてください。

第 4 章

「仕事」で
私の人生を生きる

1 自分の天職を知る方法

この章では、具体的に「仕事」で自分の人生を生きることについて書いてみます。

まず、天職とは、天＝宇宙からぜひやりなさいと言われている仕事、と先に書きました。誰にでも天職というのはあるのですよ！


自分の天職を知る方法はいくつかあります。

ひとつは、自分に問いかけをする習慣をつけること。これが天職を見つける実践の第一歩になります。

聞く内容は仕事のことだけではありません。日常生活の中で、

「ごはん何食べたいかな？」

「どの本が読みたい？」

「週末どこに行きたい？」

こんな質問に、今、私は問いかけている、という意識をきちんともって取り組むのです。

今私はこうしている、と意識しながら問いかけることで脳が活性化します。そこに意識が向くので、問われた質問に対する答えを一生懸命探そうと脳が積極的に働き出します。こんな状態を意図的に作ってやるのですね。

この習慣を続けると、だんだん「私はこうしたい！」という意志がしっかり見えてくるようになります。

もうひとつは、自分が大好きなものを徹底的に知ること。

自分はこれが好き、と感じるものをランダムに（物でもことでもなんでも自由に）書き出します。私は講座の受講生さんにも書き出しワークとしてよくやってもらうのですが、たくさん出る人はいくらでも出ます。そこまで出ないかなあと感じる人には、10から20は問いかけて出してみて、と言います。

この「私の好きを20個」のお題で出てくるものは本当にいろいろです。猫、納豆、リゾート旅行、赤、寝ること、コーヒーを飲むこと、イラストを描く、ふわふわしたもの……こんな風に、物やら行動やら、何かの形容やらいろいろです。

しかし、この全く接点がないような羅列から、案外天職が見つかったりします。絵を描くことが好きだからイラストレーターに憧れてるけど、ふわふわの猫を描くのも楽しいな。何かキャラクターできないかしら。自分のアトリエみたいなお部屋でコーヒーを淹れながら仕事ができたらいいな。お昼は納豆を食べられるようにアトリエには冷蔵庫を置こう！　休暇には沖縄へ旅行に行って……などと、イメージがつながっていったりします。

なんだか無理やりみたいですが、想像するとちょっと楽しいですよね。実際、講座を受けてくださった方がそんな風にイメージをふくらませていました。

好きなものを挙げていくことは、そもそも楽しい作業です。そしてそれらが自分の生活のそばにいつもあったらもっとワクワクします。挙げた言葉の中に天職に直結するものがあると、それを取り囲むように残りの「好き」たちが配置される感じになります。

さて、何が言いたいのかというと、ここでも「好き」に意識を向けると、脳がますます「好き」を探し始めるということです。これも「自分が一番自分のことをよく知っている」ということが前提のセルフコーチングの問いであり、「私はこれが明確にやりたい！」を自分の内側から引っ張り出すひとつのトレーニングになるのですね。

自分の好きをたくさん知ることは、好きな仕事で生きていく第一歩です。

2 どんな職業も等価値

世間では、スケールの大きいことをしている人が単純に「すごい」と言われがちです。しかし、宇宙的視点で自己実現をしていきたい人は、その観念も疑ってかかってください。どんな職業も、どんな役職も雇用の形も、価値としてはみな同じです。

社長も社員も等価値、世界を股にかけて活躍する人も地域のコミュニティで活躍する人も等価値、給料が月10万円の人も年収1億円の人も価値は同じです。数字やスケールの大きいことはたしかに「すごい」部分がありますが、価値としては大きいものが「すごい」のではないのです。

社長は、社員がいないと社長ができないのです。正社員はパートさんやアルバイトさんの力のおかげで足りない部分を助けてもらえますよね。

宇宙においては「みんながすごい」という価値観。**大事なことは、自分は何のどん**

な形を選びたいか？　です。

あなたは社長になりたいですか？　社員で上司をサポートしたいですか？　一人で何かやりたいですか？

正社員がいいか、契約社員がいいか、日本で働きたいか、世界に出て仕事がしたいか……どうでしょうか？

この問いが大事です。この問いで出た答えを叶えてあげるように行動していきましょう。

3 収入設定は自分でできる

やりたいことがわかった人は、「ではどんなスタイル、どんなペースで仕事がしたいか？」これを問い続けてみてください。

さらに、「その仕事でどれくらいの収入を得たいか？」という問いにも答えていきましょう。

収入設定は先の問いの、仕事のスタイルやペースを考慮して決まっていくと思いますので、自分が思う自分の提供できる価値に対してこれくらい、と素直な金額を設定しておいたらいいです。

最初からそれを達成しようと思わなくてもいいですし、スモールステップでだんだん上げていく設定でもいいかと思います。好きなやり方を選びましょう。

収入の設定が決まるということは、「自分の価値が自分で決められる」ということ

です。するど、どんなお客様やビジネスパートナーと出会いたいかということも、イメージが出てくると思います。

もし仮に、提供するものの価値が決められない、希望の値段にしようと思うと怖いという場合には、値段を希望通りにしては売れない、安くしないと来てもらえない、という負の信念が内側にあるかもしれません。

「自分の価値に対して、望み通りの値段をつける私になり、天職で多くの人を幸せにして、豊かなお金の循環を作る」と決めてくださいね。

4

積み重ねる努力もワクワクするくらいの仕事に出会おう

努力するとか頑張るという言葉は嫌われる傾向にありますが、これは自分に嘘をついて我慢している、というイメージが言葉そのものについているからでしょう。

しかし、**努力することはそもそも素晴らしいことです。できないことをできるようにすることは、脳内でエヘへとイメージしているだけでは現実化しないのです。**

絵で食べていきたい、料理の専門家になりたい、本を書きたい、会社で新しいプロジェクトを作りたい、などという場合に、やりたいことを完成させるために知らなかったことを身につける努力が必要とされることも多いですね。

大事なことは、「努力＝無理している」というようなイメージを持っている場合は、それを捨ててしまうこと。捨ててしまうから新しいイメージを入れることができるのです。

「努力＝心が欲して勝手にやってしまうもの」くらいの飛躍的な捉え方をしても構いません。「新しいことにチャレンジしていく努力でさえ、もうワクワクしてしまう！新しいことを知るってドキドキする、時間も忘れて取り組んでいます」と言えるような努力なら、求めていったほうがいいくらいなのですから。

設定として大事なことは、「努力しているという感覚すら忘れてしまうほどワクワクすることに出会う」と決めることです。

5 天職で食べていける自信がない人は

やりたいことで生計を立てたいという人でも、お金をもらうことに罪悪感がある人や、あまりもらってはいけないと受け取り許可を低くする感情が出やすい人もいます。

そんな人は、次のような意識で過ごしてください。

「私が人を幸せにした分だけ、そのエネルギーが売り上げや報酬になって返ってくる」

エネルギーは喜びや感謝のあるところに発生し、循環します。お金というのはその最たる存在です。だから、あなたが天職で人に喜びや楽しみをたくさん渡せば渡すほど、お金は入ってくることになっています。

もらっては申し訳ないとか、たくさんもらうほどの価値を提供していない、などと思ってしまうと、循環をそこですぐに止めてしまうことになります。

一生懸命仕事をしているのに、どうもお金の循環が悪いと感じる人は、自分の提供しているものに対する見方を、「喜びを渡しているのだ」と認識を改めましょう。お金を相手から奪っているのではなく、喜んで気持ちよく「ハイ！」と出してもらっているのだ、という風に意識を変えてくださいね。

あなたの創り出すものを喜ぶ人が増えれば増えるほど、世の中には幸せな人が増えるということです。発生した喜びのエネルギーが変化した姿がお金です。あなたのところへ来た人を幸せにすることを、ただ意識していきましょう。

6 見つけられてしまうほど輝く人になれ！

自分のやりたいことを見つけた人というのは、なんだか輝くようなオーラを放つようになります。ワクワクしたエネルギーや満ち足りた感覚の周波数を出すようになるので、見つけようとしなくても目立ったり、気になって目を引くような存在になったりするのです。

引き寄せの法則では、できないことは助けてもらってオッケーと言います。私もこれには賛成で、実際今の仕事でも、苦手なウェブ作業や細かい事務はできる人にお願いしっぱなしになっています。その代わり、私にしかできない持ち場をしっかり務められるようになりました。

このように、**できないことはできる人にお願いし、自分はできることに徹して行動し続ける、というのが本当の引き寄せです。**なんでもかんでも丸投げで放っておいてお金が入ってくるとか、身動きひとつせず願いが叶う、ということはまずないのですね。

ワクワクとやりたいことをやって生きていると、あそこにあんな人がいる、と勝手に見つけられてしまうくらいになります。ぜひそんな輝きを放っている人になりましょう。

7 「私だけのニーズ」をひとつ足すだけでオリジナルになる

0歳の赤ちゃんから100歳以上のお年寄りまで、世界には幅広い年齢の人が存在しています。その人が育った時代の社会の特徴というのがありますから、価値観のずれもちろんあるわけですが、たった今の世の中を見ていると、やはり「個」が立つ時代と思えます。

教育の世界などでも「個に応じた」とか「ニーズを拾う」といった言葉がよく使われています。人は一人ひとりみな違う。何かの雛形にみんなをあてはめるのではなく、その子に合った形の教育が必要である、ということなのですね。

もう、いろんな人がいろんな形を作る時代が来ていると思います。輝き方もいろいろです。

こういう時代に、やりたいことで生きていこう！　と決意した方は、必ず本当にやりたいこと（ワクワク、ドキドキ）を選んで欲しいのです。そして、既成のものからあなたの個性（オリジナル）を作るといいです。全く何もないところから作るのではなく、今あるものにあなたらしい新しい何かをひとつ加える、これだけで固有のものになります。

何もないところ＝0から全部新しく作っていくのは大変な作業です。もちろんアイデアがある場合はそれでいいのですが、そうではなくて、すでに世の中にある仕事で一人で起業したいというような方は、「私だからできる何か新しいもの」をひとつ加えてオリジナルを作ってください。

天職を生きるとは、特別な私だけのニーズに応えていくこと。

「特別な私だけのニーズ」とは、私だからこそ出せる、私だけにある個性のこと。

私の個性は、宇宙で私しか持っていないですよね。他者には他者の個性がある。その固有のエネルギー（気）が好きで、私と関わりたい！　という人に向けて物やサービスを提供していくことが天職を生きる、ということなのです。「あなたからそれが欲しいの！」という人にこそ、応えていくということですね。

得意をかけ合わせてみる

具体例を挙げてみます。

アロマセラピーを仕事にしたいという人から、「やっている人がすでに多いから競争になってしまう、お客様が来ない気がします」というご相談をいただいたことがあります。

たしかに世の中にアロマセラピストさんはたくさんいらっしゃるし、職業にしていなくても、資格保有者となるともっといらっしゃるでしょう。しかし、それとアロマセラピストで食べていけないということとは本当は、直接の因果関係はないのです。

でも、より楽しく天職で成功する、という思いがある場合は、「私だけのニーズ」をひとつ加える意識を持つようにすればいいのです。私が講座やセミナーで伝えているのは、一見つながりのないようなものをメニューに加えることや、得意なことは思い切って一度にメニューにして提供してしまうこと。

以前通っていたサロンに、カウンセリングやカードリーディングができるアロマセラピストさんがいらっしゃいました。アロマと一見つながらないのですが、そのどちらも興味があって通っていましたし、お話が上手でとても癒やされました。

アロマセラピーがメインの目的ではありましたが、カウンセリングが上手な彼女に話を聞いてもらうことや、いつもワクワクできる話ができるのが楽しみで、数あるアロマサロンからこちらをいつもリピートしていました。

このように、同じアロマセラピストだけど、私にはこんな特徴が、というものをひとつ作る意図を持つと、今の宇宙のニーズである「あなただけの個性を提供する」にピタッと合うものが見つかるでしょう。

スキルでなくてもいいのです。インテリアがちょっと個性的とか、変わった場所にお店があるとか、こだわりのアロマオイルを使っているとか、なんでもいいのです。

あなたのオリジナルをひとつ足す。ここに意識を向けてみてください。

8

今まだやりたい仕事に就いていなくてもヨシ！
——現状否定から脱する

組織にいると、１００パーセント好きな仕事だけやる、ということは困難な場合もありますね。おおよそ希望通りだったとしても、ときにはやりたくない仕事が回ってきたり、人の代わりに何かを担当することもあるでしょう。

もし今現在、やりたい仕事を全く担当できていない、という方は、現状否定をまずやめるところから始めていきましょう。

これはどんなことに対しても使う思考の仕方で、彼氏がいない人が「今彼がいないことがいけないんだ！」とか、貯金がない人が「私にお金がないことはいけないことなんだ！」と自分を責めたりしても、自分と分離するだけです。

否定も含めて自分ですので、その否定を統合する（受け入れて力を弱める）ことが大事です。現状を否定しないで受け入れたとき、初めてプラスマイナスゼロの中立の地点に戻ることができて、やりたいことを表出できるようになるのです。

量子力学の世界には、ゼロポイントという、エネルギーが生まれては吸収される出入り口が存在していると言います。それはどこにあるかというと、私は自分の意識の中にあるよ、とお伝えしています。古いものはいったんゼロに戻して吸収して、新しいものがまたそのゼロのポイントから生み出される仕組みです。

呼吸と同じ感じだと思っていただくとイメージしやすいかと思います。息を吸ったら勝手に吐くようになっていますよね。ゼロポイントにも、吸収したら新しく生み出す仕組みがそもそもあるので、古いものやネガティブなものも、受け入れると自分の意識から新しく生まれ出るとイメージしておいてください。

9

今就いている仕事に肯定感を持つ方法
——思考と行動の修正

天職ではないと感じる仕事をしている、という方は、どうしても今の状況がよくないと思いがちです。食べるためにやりたくないことをやっている。そう感じている方はいらっしゃいませんか？

こういう思考がしょっちゅう出てきてしまう、という方は、まず**「食べていくためという概念から卒業する！」と心にしっかり決めてください**。そう決めることで、食べるために、の世界からご縁が切れていきます。

まずはしっかり決めること。

その決意をするときに注意していただきたいのが、「現状がダメだから卒業する」としないことです。

たしかに今は一番やりたいことをしているわけではないけど、それで生活が成り立つ給料をいただいている、という恩恵に意識を向けてください。

そして、今の状況もオッケーだけど、やりがいを感じ、私だからこそできる仕事に就き、もっと楽しく生き生きと仕事をする！　と設定してくださいね。

今を否定すると、次も否定から世界が始まります。オッケーな部分は必ずあります。そのオッケーを見て、さらにオッケーにしていく。そういう意識の向け方、思考の使い方にぜひ慣れていって欲しいと思います。

どんな願いを叶えるときも、同じです。

10
自分の好きな形で働くと決める

起業家とか起業女子、というような言葉が流行りだしてからしばらく経ちます。独立して何かやりたい人で、このかっこいい響きに憧れる人も多いでしょう。

世間で話題になったことはあたかも「それがいいことで、あてはまらないことはよくないこと」と思ってしまう傾向がありますが、独立起業することが素晴らしく、組織に雇用されていることが素晴らしくないのではありません。

私の友達が「雇われだから」と口ぐせのように否定的に言うのですが、この言葉の裏には「雇われは良くないこと」という思いが隠れているように思います。

しかし、果たしてそうでしょうか？

組織に勤めることが好きな人は多いです。職場、というコミュニティで大勢の人と関わることが楽しいと感じる人がいます。同僚がたくさんいること、一定のルールにしたがってルーチンワークをこなすことが好きな人、そのほうが自分で何か考えるより楽だし、好きという人もいます。結果的に、雇用されているか独立しているかにもいい悪いはないのです。

自分はどちらが好きか？　だけ。

自分がやりたいことは、どちらの形だと叶うか？　というだけ。

さらに、本章の最初のほうにも書きましたが、出世していく人がすごいのではないです。縁の下の力持ちや裏方が大好きでそれに生きがいを感じる人がいます。

やはり、自分はどちらが好きか、だけなのです。

自分の「こっちが好き」を遠慮なく選ばなければなりません。自分の好みに合うスタイルで働くことが、一番満ち足りた世界を創造できるのです。

波動高く生きるには、「望む形を選ぶこと」。世間の根拠ない評価に耳を貸さず、自分が好きなスタイルを可能な限り周囲に伝え、実現させていくことです。

11

誰がどんな形で働くかも宇宙の完璧な采配

私たちがどんな仕事に就いていても、雇用の形、働くスタイルに関してもやはり自分が心を偽らず、一番望んだ形を選べば、きちんと各役割の人数のバランスが整うようになります。全員が社長になったら大変だし、まとめる人がいないのも困ります。中間の管理職がいないと統率が取れないですね。

正社員がいてパートタイムがいるから補い合うことができ、そこではフルタイムで働きたい人が正社員になっていること、家のことや自分のこととの配分でパートタイムが一番好き、という人がパートタイムを担当していることが望ましいのです。

やりたいことがわかったら、どんなスタイル、ペースで仕事がしたいか、どれくらいの収入が欲しいか、どんな仕事相手（お客様も含めて）と関わりたいかなどを自分に問いかけて、明確にしていったらいいですね。

12 自分を満たせる人が、人も満たせる

自分のやりたいことやビジネスで成功する人は、自分に「満ち足り感」を充分与えることが得意な人です。自分を満たせる人が人を満たすことができ、天職を引き寄せ成功します。

自分の内側に、足りない気持ちや渇望感がつねにあると、ビジネスが「相手から取る、奪う」の視点になりやすいのです。

満ち足りている人は幸せそうにしています。幸せそうに見える人のエネルギーに、人は心地よさを感じます。勝手に人が集まるので売れてしまうというわけです。

天職で成功するのにもやはり、自分が満ち足りていることが第一条件なのです。

「好き」を仕事にするチェックリスト

自分の「好き」を仕事にしたい！　と思っている人の中にも、具体的にやりたいことが見つかっている人と、これから見つけるという方とがいらっしゃると思います。

パターンを2つに分けて解説し、どのように自分のオリジナルの仕事にしていくかのヒントをお伝えしますね。

□やりたいことが明確にある人は

具体的意図をどんどん設定していきましょう。頭に浮かんだキーワードや単語を書き出したりして、そこから連鎖的に出てくる言葉を綴っていくこともしてみましょう。

たとえばイラストを描きたいという人なら、「ただイラストが描きたい。それを仕事にしたい」からもっと具体化させていくのです。明確であればあるほど脳はよく反応しますので、どんなイラストをどんな媒体で発表するのか、フリーランスなのか、どこかの組織に所属するのか、などなど考えてみましょう。真剣であればあるほど、設定がたくさん出てくるはずです。

明確なゴールを意図すると、そちらに向かって調整を始めた脳がたくさんの情報をキャッチするようになります。

そして具体化された夢に対しては、この質問をいつもレギュラーでしてください。

「このことについて、私が今、直接できることはなんだろう?」

例に戻ると、「イラストレーターになりたい。私が今、この設定に対して直接できることはなんだろう?」こんな感じですね。

□やりたいことがまだわからない人は

何がやりたいかまだわからない人は、まず、「どんな自分になりたいか」を意図しましょう。98ページや106ページと連動しますが、そこで挙げた「好き」を集めるワークや問いかけをしていきましょう。

第一の設定として「やりたいことがわかる私になる！」と意図して決めると、脳が「やりたいことを探したいのね」と反応して、入ってくる情報を選択し始めます。

最近ちょっと興味を持っていたことの情報とか、全く知らなかった新しい体験や行動のきっかけになるお誘いがくるとか、ふと気になった本があって買ってみるとやりたいことにつながるヒントが書いてあったとか。

まさにこのあたりは「引き寄せの法則」が働いていく感じの説明になりますが、「ここへ行く！」と決めると必ずその場所へ到達させようとするのが脳の働きです。そのために、脳は入ってくる情報の重要度を変えようと働き出します。

これまで同じレベルで入ってきていた情報が、あるものは優先度が下がり、あるものは最重要として心に響き出したりするのです。脳にあるRASというフィルターシステムが重要なものを選別するのでしたね。

わからなければ「わかる私になる」とまず決めて過ごすだけでも、変化は出てきますよ。

どんな相手に何を提供したいのか？

自分の「好き」がわかって、やりたいことがわかってくると、これをこんな風に人に提供したい、という意図が起きてきます。誰に提供するのかとは、主としてお客さんにしたい対象は誰か？　ということです。ここも自分の心にしたがって、一番提供したい人に渡す、が基本。これは外してはいけません。

たとえば、美容家になりたい人で、20代というよりアンチエイジングが気になる世代の人に向けて何かやりたい！　と思う人がいたとします。それならば、「20代のほうが需要あるかな」とか、「幅広い年齢のお客さんに対応できるようにしたほうがいいかな」などと考えず、心の声に正直にしたがうことが大事なのです。

この人たちにこれを渡したい、という本音を採用することで宇宙の後押しが全面的にやってきますから、思わぬヒット商品を生んだり、大人気のメニューを作れたりするのです。

「私は誰に何をどんな形で提供したら楽しいかな？　仕事がワクワクするかな？」という問いかけを習慣にしていきましょう。

□あなたのニーズは何か？

仕事とは、誰かに何かを提供することです。

あなたが提供したいことは、それが欲しいという人をどこかで発生させています（これについては、第6章の『需要と供給はセット発生』の法則」で説明します）。

自分のニーズってなんだろう？　という問いかけを突き詰めていくと、提供するものの質が向上するヒントがたくさんやってくるようになります。クオリティが上がる、ということですね。

自分がやりたいと思う仕事で、何がどんな形で求められているかをリサーチすることが大事なのです。ビジネスとは、ニーズに応えてこそ成り立つもの。ニーズリサーチがすべてを決めていくと言っても過言ではないでしょう。

私の持っている何が、今一番求められているか？　とか、私のところをわざわざ選んでくれた理由はどんなニーズがあるからか？　などを分析しつつ、やりたい形を作っていくと、需要と供給の形もピタッと合っていくはずです。

教育の世界などでも、「ニーズ教育」と言ったりします。一人ひとりの子どもに何が一番必要かを見極め、必要な形で与えてあげると、良き成長につながるという考え方です。

適当にボールを投げるのではなく、キャッチできるボールってどういうものだろう？　という風に意識を向けると、「こうやって形にすればいいよ」「あなたに求められているものはこれだよ」とわかるメッセージを宇宙から受け取れるようになります。

いつでもどこでも、自分への問いかけはやはり忘れてはならない作業なのです。

第 5 章

「私らしい選択」で
清々しく
日常を生きる

1

5人分のジュースは、何人に配れるか？

この章では、自分の人生を主体的に決めていくことについて日常的な例を挙げ、選択の仕方についてお伝えしていきます。

人が集まったときに、配ろうとしたものが人数分ない、というようなことはよくあると思います。こんなとき、私たちは反射的に「全員に配るものだ」「目の前にあるものは全員が均等にもらうものだ」と考える価値観を、当たり前に持っていると思います。だからジュースをもらえない人がいてはならないのだ、と配分に悩むわけです。

しかし、これを「人生を主体的に選ぶ」という視点で捉えてみると、「今、ジュース飲みたくないよ」という人がいるかもしれないですよね。というか案外いるのです。

ただ「いらない人いる？」と聞いてはいけない、という思考のタブーがあるから聞かないだけ。とりあえず均等に分ければ揉めない、それが正しい、という考え方があるからです。

5人分のものをきちんと量って6つのグラスに分け入れることもひとつの案ですが、いらない人には配らないから選んで教えてね！　というのもひとつの案。後者は「どうしたい？」という問いに対する本心の答えを導くことができると思います。

そのタイミングでみんなが同じ食欲でもなければ、同じ飲み物を好むわけでもない、というのが宇宙の姿。欲しい人は「欲しい！」と遠慮なく言ったらいいし、断ったら悪いかなと思わず「私はいらないわ」と言ってもいいのですね。

そうすると、5人分のジュースを6人のうち5人にだけ配ることになったり、半数がいらないと言って余ったり、という可能性もあるということです。

自分の価値観で相手の選択を推し量るのではなく、相手に尋ねて選択してもらうという視点も持っておくといいです。そうすると、自分も自分の選択を意識するようになり、主体的に人生を決めていくことにつながっていきます。

2

ランチの選択ですら人の目が気になる件

職場の同僚とランチ。何を食べるか決めるとき、同僚の食べたいものを先に聞いてから考える、という人も多いかもしれません。和食が食べたいけど、パスタがいいと言われたら別々の店になっちゃうから合わせておこう、という感じで。

こんな風に、自分が食べたいものですら人の様子を窺《うかが》ってから決める癖がついていませんか?

もし意見が分かれた場合、今日は相手に合わせよう、と思ったのならそれでオッケーなのですが（ランチの選択の場合、どっちでもいいかな、というテンションの日もありますね）、こういうときも人に聞く前に、まずは自分に「私今日、何食べたいかな?」という問いかけを日々していって欲しいのです。

食べたいものを選ぶことは、遠慮なく人生を選択できるようになるためのいいトレーニングになります。和食でも洋食でも人生そのものに大きな影響はありませんし、毎日のことだから、「素直に本心を選ぶ」ためのいい練習になるのです。

まずは「今日は私は何食べたい?!」と自分に聞いて「今日はこれ!」という感覚がスッスッと出てくるようになるまで練習していってください。

こういう小さな選択が本心でできるようになると、仕事や恋愛・結婚などの大きな人生の選択も、心にしたがって迷いなくできるようになります。

仮に、自分以外のみんながパスタを食べるとしても、どうしてもきつねうどんを食べたいなら、食べればいいわけです。

3

行きたくない飲み会には、行かなくていい

「付き合いの飲み会」という言葉は世間に浸透している気がします（それくらいよく聞きますね）。しかし、「付き合いの」ってどういう意味だろうと思ったことはないですか？

付き合いの＝行きたくないけど、しょうがない、でしょうか?! 自分が楽しんで主体的に参加できるのであれば「付き合い」とは表現しないはず。どこか「本心では嫌なんだけどね」という意味を含んだときに、このように言うと思います。

職場では、会社全体とか部署全体の忘年会や歓送迎会など、大勢がわーっと集まる宴会というのがありますね。そういう場に不参加だと付き合いが悪いと思われる。変な人だと思われる。人情がないと思われる。付き合いの飲み会を断れない、という読

者様からいただいたご相談では、こんな言葉が今まで多かったです。

ここも、問いかけが主体的な自分を作るサポートをしてくれます。素直に自分に聞いてみましょう。

「今回の飲み会、行きたい？」

「いや、あまり行きたくない」と出たら、思い切って一度「行かない」を選択してみましょう。大人のコミュニケーションとして「行きたくないから」とストレートに言うのは準備している方々に対して思いやりがないので、用事があると言ってもいいと思います。そうして自分の「本心」を守ってあげましょう。

そして、**参加しなかったことをあとで後悔しないこと！　これは大事なポイントです**。行かなかったがために、あとで倍くらい自分を責める人や否定してしまう人がいますが、それでは本心を選んだ意味がなくなってしまうので、自分が選んだ選択と行動は否定しないでくださいね。ここも練習ですね。

また、ときに「あまり行きたくないけど、参加する人の中にとてもお世話になって、ありがとうと感謝を伝えたい人がいる」なんて場合があると思います。

そんなときは、「お礼を言いたいあの人が飲み会に来るけど、**それも含めて、私はどうしたい？**」と問いかけしてみてください。

じーっくり自分の心の感覚をとってみます。心の声を聞いてみます。それで「全体の会はそこそこでいいけど、あの人にはお礼を言いたい！」と出てきたら参加すればいいいし、「今回は参加せず、何か別の形でお礼を伝えよう」というアイデアが湧くかもしれません。

こういうことも「問いかけ」を練習すると、自然と答えが湧いてくるようになりますよ。

4

「私は外で働きたくないんです」→引きこもりも万歳！

外で働きたいと思わない人がいます。日本の社会においては、家庭にいて、家族のことや主婦の仕事に徹したい人に対して、外で生産性のある仕事（報酬が生じる仕事）をしていないから価値がないとされる風潮があります。

たとえば専業主婦の場合、お給料が出ているわけではないですが、社会で何十年もずっとフルタイムで働いてきた私としては、専業主婦をきちんとやることほど大変な仕事はないように感じています。子育てもしかりです。

第4章で書きましたが、給料や社会的な報酬が生じていることだけが職業、仕事、という捉え方は固定観念です。外で働く旦那さんのことを支えながら家の仕事に集中することが天職、という人もいます。

給料が生じていないことに否定感を持つ方がとても多いのですが、まずその否定感を捨てること。旦那さんの給料で食べさせてもらってる、とおっしゃる方が多いですが、外で毎日頑張ってくれているご主人に感謝しながら、家で自分ができる役割に集中する、今に意識を注いで生きる。こういうことを繰り返していると、夫、妻の宇宙的な役割がきちんと成り立ち、家庭が幸せになっていきます。

また、今は何もしていない、とりあえず人生を考えている、引きこもってますという方もいらっしゃるかもしれません。その場合も、これからどうしたいか？　という自分の心を知ることが一番大事なことです。現在の状況を「悪い」と否定で捉えるのではなく、いったん「ヨシ」と受け入れてください。

どなたの人生にも、考える時間というのが必要なタイミングがあります。今後どうしていったら自分が一番楽しく、満ち足りた気持ちで生きられるのかを知るための時間です。

現状否定から何か行動を起こすのではなく、「どう生きたら、今より心が満ち足りて喜びと楽しみで生きられるだろう？　自分は何がしたいだろう？」そんな問いかけをして日々過ごすようにしてみてください。

5
恋愛・結婚は「素の姿」を晒す人ほど幸せになれる

私は恋愛・結婚をテーマにした書籍をすでに出していますが（『ネガティブ思考があっても最高の恋愛・結婚を叶える方法』〈WAVE出版〉）、恋愛であっても、結婚であっても、「自分の素の姿」を晒《さら》して生きられる人ほど幸せで、力を抜いた楽しい人生を送ることができます。恋愛・結婚においても、やはり「自分を生きている」ことが幸せの必須条件なのですね。

人が長い期間「装《よそお》う」のは無理です。なぜなら「装い」は本当の姿ではないから。いつか素《もと》に戻る瞬間が来るからですね。

パートナーに好かれたいから、とくに付き合いはじめの頃は、見た目から言葉から態度から、あれこれいつもと違う自分になり気を使うことが多いでしょう。もちろんそれも悪いことじゃないので、その体験もプロセスとして楽しんでいったらいいのですが、だんだん付き合いが深まり「自分の素の姿」を見せるようになっても、いいね、と受け入れてくれる人こそが心の深いところでつながれる本当のパートナーになります。

たとえば、料理が本当は苦手だし、できたらこれからも無理して頑張りたくない、それよりは外でしっかり働いて、美味しいお惣菜を適宜利用したい、という人もオッケーで、そんな自分の本当の姿を相手に伝える勇気を持っていただけたらな、と思うのです。

本当の姿を大好きな相手に見せたとき、もし「ちょっとは料理して欲しいな」などと言われたら、「どれくらいだったら私やれるかな?」という問いかけをしてみてください。そうすると「無理のない範囲でできること」が見えてきます。

「受け入れてもらう」ことが愛のサイン

恋愛・結婚はお互いの想いが通じ合わないときや、価値観がズレるときが、実は

「深まるタイミング」でもあります。違いを認めたり、お互いの想いを尊重したりする体験をすることで愛が深まっていきます。

相手の想いを尊重するということは、「相手を認める」ということ。感情受容のところでも書きましたが、「受け入れてもらう」ということは私たちの魂にとってこの上ない「愛」のサインなのですね。

だからパートナーも、なんでもかんでも自分と同じ趣味嗜好の人でないとならないことはなく、逆に違いがあるからこそ深く学べる愛がそこにはあるのです。

ぜひ、「私は本当はこうしたいの」と正直に伝えたり、「私って本当はこんな感じなの。これが自然体なの」という姿で、大好きな人と過ごしてみたりしてください。それで「こうしてくれていないとダメだ、嫌だ」と言う相手の場合は、ベストパートナーでないというサインかもしれません。

長い人生を着飾ったまま、装ったままでずっと過ごすことは不可能です。

自然体で存在しているあなたが、そのまま受け入れられることが自己実現なのです。

6

「誰かの脳内データ」をつねに採用している自分に気づいたら

これは大事なテーマです。ご自身への問いかけとしては「それって本当？」という言葉で聞いていただけばいいかと思います。

私たちは、ほとんど無意識に誰かの考え方を自動的に採用していることがあります。誰かの価値観を「私の価値観だ」と誤解しているのです。

その理由のひとつに、情報過多が挙げられます。自分が望まなくても勝手に目に入ってくるネットの文字や、耳に入ってくるテレビなどの音声、世間はこう考えている、という一部の人にだけしたリサーチの結果や、会社や学校などで尊敬している人の意見を、自分の価値観を見つめて照らし合わせることなく、「そういうものなのだ」とすんなり受け取ってしまう。

このように、誰かの脳内データを採用して、自分の考えだと誤解していることがありますが、よくよく問いかけしてみると、「いや違う」ということがあるものです。ぜひ「問いかけ」で我に返ってください（笑）。

また、拒否しようがなく勝手に脳に飛び込んでくる情報に対しては、

「このことについて私はどう感じる？」

という問いかけを入れてみるのもおすすめです。そうすると「世間ではこれが正しいように言ってるかもしれないけど、私は採用しない」という声が出てくることがあるはずです。

他人の価値観データを自分のものだと勘違いしていたと気づいたときは「それはもう選ばない」と自己宣言しておくといいと思います。これも「決める」ということですが、私は私の価値観で生きる、他者の価値観にむやみに影響されない、と決めることで脳がそちらに向かっていくようになります。

問いかけをしてみるまで他者の価値観で生きていることに気づかなかった、ということが案外多いのです。それくらい、普段入ってくる情報に無意識ということなのですね。

7
小さいことにもこだわる

誰にでも「これは譲れない！」というこだわりがひとつくらいはあるかと思います。しかも周囲から見たら「しょうもないなあ」と言われてしまいそうなこだわりが。でもそんな自分だけのこだわりも、私はぜひ大切にして欲しいと思います！　コーヒーは絶対このメーカー！　とか、まくらの固さはこれ！　とか。カフェで座るときは絶対すみっこがいい！　とか。

こだわりというのは自分の好きなもの、でもあり、自分にしかわからない良さ、でもあります。普段から遠慮なくこだわれる人は、幸せな波動で過ごすことが上手だと言えるでしょう。たとえ「そんなものがどうしていいの？」とか「えー、何それ？意味わからん」と言われても、です（笑）。

本書で何度も触れてきているように、人との違いは「面白み」を生むもとなのです。

だから人と違って私はここにこだわっている、という部分は「面白み」とともに、ときには偉大なる発見を生むこともあります。

この話は次に続きます。

8

「あなた変わってるわね」は褒め言葉！

自分だけの好き、これがいい！　にこだわると、「あなたって変わってるわねー」と言われることもあるかもしれません。

しかし、変わってると言われるほど何かにこだわることによって、宇宙的発明が生まれることも、歴史上でたくさんありました。科学者の発明とか世界的に有名な画家の作品などがそうですが、変わってるレベルまで人と違うことを突き詰めるからこそ、そこに多大なるエネルギーが注がれていくのですね。

だから「変わってるわねー」というのは褒め言葉だと捉えてください。私も思考や意識のことをオタクレベルに長年、突き詰めてきました。そこまでやるんだ、とか、私ならできないわ、と言われたこともあります。でも、そこまでひとつのことにこだわってきた結果、今、思い切り好きなことで生きている自分がいます。

9 「べき・ねば」でやってきたことさえ、のちに宝になる

宇宙視点での学びのシステムのお話を、私の体験から書いてみます。
私は長い間、「べき・ねば」で自分の行動を縛ってきていました。

・仕事は定時を過ぎても帰ってはいけない。定時で帰る人はサボりである（家庭があり子どもがいるのにこの価値観に縛られていた）。
・頼まれた仕事は全部受けるべき（それで何度も倒れたしつぶれそうになった）。
・子どものしつけは完璧にすべき（自分だってダラダラしたいのに、そんな姿を見せてはいけないと思っていた）。
・子どもの食事は全部手作りでないといけない（忙しいのに寝る時間を削ってまでやっていた）。

・私には力や能力がないから資格をたくさん取るべき（と思ってあまり興味もない資格をやたらに取得していた）。

・お弁当は毎日作って持参するものだ（買ってはいけない）。

他にも、家計簿は毎月つけるものだ、外に出るときは必ず化粧すべき……もうたくさんたくさん。

今なら「なんの価値観？」と俯瞰して見ることができるのですが、当時は本当にそれしかないと思っていたし、それを頑張ることこそが「私が生きている証」と思っていました。

だけど口から出るのは愚痴ばかり。ときには人のせいにして「押しつけた人のせいで私は苦労している」と愚痴を言ったりしていました（断ればいいのに断れず、悪口や愚痴でストレスを解消しようとするため、またその言葉通りの現実を引き寄せるという延々と続くネガティブループ）。

でも、これらの「べき・ねば」でやってきたことが、今の人生にもれなく、すべて、生きているという実感が半端なくあるんです。やはり、プロセスは完璧なのだなあという実感が。

どんなことでも、振り返ると大事なプロセスになる

私は自分に対する能力の否定が強かったんですね。理由は明確で、大学受験のときに第一志望校どころか第二、第三志望にもことごとく落ちて、滑り止め一校しか受からなかったことがトラウマになっていて、「私はアホだ、できない人間だ」と思い込んでいたんです。

でも、振り返ってみれば単にきちんと勉強していなかっただけ。大学時代はやりたい仕事が明確にあったので、それに向かってきちんと準備して勉強したら一度で試験に合格しました。

それでも昔の体験が尾を引いていたので、めったやたらな資格魔になっていました。使う予定のない、絵に描いた餅みたいな証書をたくさん集めていったのです。

でも、これらいろんなジャンル（美容から秘書検定から）の学びが、今の仕事と生活にすべて役立っているのです。広くいろんなことを知ったおかげでいろんな人生の相談に乗れる、専門的な知識を得たことで深いアドバイスができるジャンルが多い、というように、当時「これやって何になるの？」と思いながらも「取っておくべき」という考えにとらわれてやったことでさえ、きちんと恩恵を生んでくれているのです。

何が言いたいかというと、願いが叶うまでのプロセスを思うとき、どんな道順を経たとしても、寄り道をしたとしても、絶対に宝になる、役立つことにつながる、ということをお伝えしたいのです。

これまで「べき・ねば」でやっていることがあった人も、これからは、できれば心にしたがって、負担のある「べき・ねば」は減らしていったらいいと思います。

でも、いずれにしても、最後はすべてが宝に変わります。不要な寄り道というのは、宇宙の恩恵にはないので安心していただきたいと思います。

10

日常で「心の声を聞いてあげる実験」をやり続けてみたらどうなるか？

朝起きてその日一日の過ごし方を心に問いかけて決めたり、ランチや晩ごはんに何を食べたいか、次の休みにどこへ行きたいかと心の声に聞いたりと、小さな問いかけの練習の積み重ねで、得られる変化がいくつかあります。

それは「本心がすんなりわかるようになること」。そして「感覚が研ぎ澄まされてくるので、五感がよく働き、心地よさに対する感度（センサー）が上がること」などです。

これらの変化は「問いかけ」を続けることでわかってくるので、実践が必要です。頑張ってやらなくてもいいですが、自分の声を聞くことが習慣になってくると「わざわざ聞いている」という感覚がなくなって自然にやれるようになってきますので、そこまでいけばオッケーです。

心地よさを拾える感度が上がると、幸せをたくさん引き寄せる体質になれます。

心の声がわからない段階だと、何が好みで何が好みでないかすらわからないので、選択そのものの質が上がらないし、ときに本心と違う選択をしていても気づかないことがあるのです。

練習を重ねると精度が上がる、という風に思っていただければいいですが、これが「自分軸ができてくる」ということでもあります。

いつでも自分の外に答えはありません。真実は内に内に隠れています。

11 私の価値を勝手に決めないで！

他者の評価を気にしてしまうという方へ。自分の価値は人に決めさせない！　全部自分で決めていいのですよ。

誰かに良い評価をしてもらうことを待ったり、勝手に評価されること自体を怖がったりする必要は、本当はありません。残念なことに、人をすぐ評価したがる人もいますが、もし外の声が怖いと感じたら、４つのステップ（63ページ）で感情を受け入れてくださいね。これで大丈夫ですよ。

人生においては「選択」をどうするか、が一番大事。何を現実化させるかを選ぶ、ということだけでなく、自分に対する自分のイメージや価値を選択して決めることも含まれます。

他者があなたにした判断は、あくまで他者の主観でしかなく、それがあなたを決める決定打ではありません。しかし、外で下された判断が自分なのね、と受け取ってしまうことは多いもの。その他者の判断に怯えてしまう人も多いと思います。

だからこそ、**他者の決めた自分の価値から自由になることをしっかり決めて、好きな価値観で自分を選びましょう**。自分の価値は自分で決める。自分の価値を人に決めさせない。もし決められたときも、「それを採用しない」でいいのです。

12 「嫌です」と言えない私から卒業する

頼まれたら断れない。

仕事をする上で、これが私の長年の悩みでした。いえ、今でも多少ひきずっているかもしれません（笑）。せっかくお願いされたのだから、それに応えなくては！　という思いがいつもありました。

仕事だけでなく、お茶やごはんのお誘いで「今日はちょっとなあ」と感じるときも、せっかく言ってくれたんだからと「ちょっとなら」とつい口から出てしまい、あとの予定がきつくなったり、そんなタイミングで参加すると聞きたくない話をたくさん聞く羽目になって心が疲れてしまったり……。

この場合、答えは最初から出てたんです。

「これは受けられません」

「今日は失礼します」

これが心の声だったのに、問題はそれを相手に「言えない！」というところ。


どうして言えないんでしょうね？

こんな悩みを抱えている人は、私だけではないと思っています。


「言われたら断れない、頼まれたら受けてしまう」

こういう行動を取ってしまう理由はふたつあります。

ひとつは「人の目が気になるから」。「人から嫌な人だと思われたくない」という**恐れ**が心の奥にあるということ。自分がどうしたいか、じゃなくて「他人の目、評価」を基準にして行動を決めているということです。心が痛い！　という方、いらっしゃいませんか？

私はまさにこの典型とも言える人間でした。何でもすぐに「はい」と引き受けていくから、気づくと仕事はどんどん山積みに。でも「あなたに任せられると助かるわ」

とか「なんでも嫌がらずやってくれるから、いい人」という評価の声を聞いてホッとしている自分がいました。そう、「いい人」と思われたかったんです。誰とも敵対したくない。揉めたくない。いい人、のカテゴリーにいれば安心だろう。

こんな恐れがどんどんひどい現実を作っていきました。

でもこれだと心はいつも苦しく、内側に不満がたくさんあるのに言えない。ストレスが増えてどんどん自分で自分を大変にしていってしまうんですね。

社会で生きるということは、人と共に創りながら生きるということです。だからコミュニケーションはとても大事な基本事項です。「やりたくないから嫌です」と言うのではなく、「今はこんな事情があって難しいので、何か他のやり方を探せないでしょうか」という誠意を持っての会話なら、揉めることは少ないはずです。

自分の心を生きることは、言いたい放題でいい、ということではありません。どうコミュニケーションをとるかという学びでもあるのですよね。

そして、**断れないふたつめの理由は、何が良くて何が嫌かが自分でわかっていない、**というケースです。

これは自分に対して問いかけていく日々の積み重ねで変えられます。ノーと言うためには、私はノーなのか、イエスなのか、自分の中でわかっていなければなりません。

結局は、自分を知らず、本当の自分を生きていないとノーという返事もできないということ。

嫌と言えない自分を発見したら、このふたつをぜひ検証してみてくださいね。

WORK2

実践2 決断できる力を高め、気持ちがブレても必ず戻れる自分になれるワーク

「決める」ことは「頭」でしてはいけません。**「決断は〝肚《ハラ》〟でせよ」**と私はいつもお伝えしています。「肚《ハラ》をくくる」と言うように、「私はこうする、こうなる!」という決意を、お腹の底に落とし込んでいきます。

手順は以下のとおりです。

1

好きな体勢になりましょう。座っていても、寝ていても、立っていてもなんでもいいです。自分が一番やりやすい感覚を採用してください。

2

ワーク1と同じように、体の感覚を大事に使います。丹田《たんでん》に両手を重ねます。しばらくそこに静かに意識を向けてみます。するとお腹が手の体温で温かくなってきたり、手から温度が伝わる感覚が強く感じられてきたりします（そんな感じがわかるまでゆっくり時間をとってくださいね）。

3

深呼吸を数回繰り返します。

4

あなたが叶えたい願いや、外からの影響でブレてしまった願いを思い浮かべます。

5

丹田に両手を当てたまま、さらに丹田に少し力を入れる感じで、その願いごとを「私は○○する！」と力強く宣言してください（声に出さなくても大丈夫です）。

6
お腹（丹田）にぎゅっと力が入って、気持ちが引きしまるような感覚や、一瞬の強い集中力を感じてください。

ワークはたったこれだけですが、気持ちが落ち込んだり、人の意見で心が迷いを感じたりしたときなどに、パワーを戻したり、軸を立て直したりするのにとても役立つワークです。ぜひ活用してください。

「願いごとは肚で決め、落とし込む！」ですよ！

第 6 章

「需要と供給はセット発生」の法則

1

あなたが「やりたくなること」は、どこかで「それを欲しい人」を生んでいる

自分がやりたいことで周囲の人を幸せにしたい、やりたいことを職業にしたい、お金も循環させたい。心がそう感じるということは、「どこかでそれを欲しい人が生まれている」ということ。

あなたが何かに対して、「これを心からやりたい！」と思ったときには、世界のどこかで「私それが欲しい！」という人も同時に発生しているのです。これを私は**「需要と供給はセット発生」の法則**と呼んでいます。

だから、自分のワクワクには徹底的に正直になってみてください。

これをパスしたい（渡したい）と思う人が供給する側ですが、その循環がうまくいくためには、もらいたい（受け取りたい）側が存在する必要があります。

宇宙の采配は愛から成り立っていて、完璧です。人が生まれて死ぬまでに、多くの満ち足りた体験ができ、愛が巡るように、宇宙は意図したことを受け取る側も、同時に作ってくれるのです。そして受け取る側も、もちろん嘘偽りなく「心からそれが欲しい！」という人が発生しますから、もう完璧な采配しか起こらないのです。

私の場合、「自分で自由に時間の使い方を決めて仕事がしたい」「そしてしゃべるのが好きだからしゃべることを仕事にしたい」という思いがスタートでした（書くことは一番じゃなかったんですよね）。

心の感覚をとり続けたとき、さらに、「とりあえず今まで長年学んできたことを伝えてみたい。しゃべりたいというか、伝えたいんだ！」ということがわかってきたのです。

問いかけを続けていると、そういう内なる声がどんどん出てきました。だから、思いたってブログを始めてみました。理由は、一人ですぐ始められてお金もかからないから。そのときに与えられていた環境で取れる、ベストな行動だったのですね。

反響が増えるにつれ、幸せになるヒントを伝えることを仕事にしたいという意思も固まりました。本に書いて伝えることもしたくなりました。

その時々で「やりたい！」と出てきたことをやり続ける。
この連続回転で、今があります。

やり方も好みを貫いていい

やりたいことをやり続けていたら、勝手にプロセスが広がっていきます。末広がりのような形で、です。

私は自分から誰かにコンタクトを取ったり、アプローチしたりするのが苦手です。そしてあまり好きではないのです。今いただいているご縁もみんな声をかけてもらってできている、というのが面白いところなんですが、こういうことですら「自分の好み」を貫いていいわけです。

本を出すこともそうです。自分で応募したり企画書を送ったりはしたことがないのですが、声をかけてもらって実現しています。

やりたいことを、自分が好きなスタイルで回転させ続ける。あなたのやりたいことがワクワク、ドキドキ（want to）であれば、必ずそれをサポートするエネルギーが入ってきます。

宇宙視点からしたら、心からやりたくなることは「やりなさい、それを欲しい人が待っているから」ということ。でもそのためにはこれまで述べてきたように、自分が何をやりたいのかを知らないとダメですね。

つまり、「自分に聞き続ける」というところに戻っていきます。

私の場合、「しゃべること、伝えることを仕事にする！」と本心から決めたときにすでに、この書籍を読んでくださっているみなさんやブログの読者様、多くのクライアント様とのご縁が水面下でできていたのです。

この「需要と供給はセット発生」の法則には、どちら側にも計算やごまかしがないことが前提です。「私の心の声がこう言ってるわ……」なんてよく会話の中で使いますが、その心の声＝本心に素直にしたがって未来を決めたときだけ、この法則が完璧な形で始動します。

やることはひとつだけ

長々と書きましたが、やることはひとつだけ。

「あなたの心を偽らず、やりたいことを素直に決めること。思いたったことを行動に移し続ける」だけ。

心を決めた瞬間は、あなた自身には、誰がどこでそれを受け取ってくれるかは、まだ直接見えていませんよね。先が見通せない不安や心配も、もちろんたくさん出るでしょう。

私も決めたはいいけど、最初は「本当に食べていけるかしら」「娘の将来もあるのに、苦労の道連れにしてしまわないかしら……」などとネガティブな不安が次々と出ました。それらは4つのステップで感情を繰り返し受け入れることで払拭してきました。

日々、「こんなことを伝えたい！」と思ってブログを書き続けるうち、読者様が100人、200人、5000人、1万人を超え、アクセスも100、1000、1万、3万、4万以上と、3年くらいの時間をかけて徐々に増えていったのです。

私も、伝えることを「やるんだ！」と意図すればするほど、無理かも、というネガティブは強く出たりしましたが、「ああー怖いねー！　でも大丈夫、心配と共にでも歩めるからね」と自分に声をかけつつ、ブラックな気持ちやモヤモヤもまるごと「そりゃそーよね」と受け入れて、プラスマイナスゼロに中和してきました。

これでオッケーなんです。そうしながら、前に進めば進むほど「それ欲しい！」という人が増えたのです。

今の時代には、今までなかったような、新しい仕事がたくさんあります。自分で新しい仕事を作ってしまう人も多いですよね。

まさに一人ひとりが創造主として生きる、クリエイティブな時代。「私にしかできない仕事、私にしかない価値」を生み出す楽しさを、もっと自分に許可してもいい頃かもしれませんよ。

何がしたいか、問いかけ続けてください。

「これしたい！」の感覚は、「それ欲しい！」のレスポンスを受け取っているのと同じことです。

2

やりたいことをやる人が増えると世界はどんどん繁栄する

「私はこれをやりたい」「私はこんな風に生きたい」という本心の声を採用して、やりたいことをやりましょう！　と言うと、わがまま放題、やりたい放題の人が増えて、何かと収拾がつかなくなるのではないか？　と心配する人もいるでしょう。

しかし、心配には及びません。素直に自分の本心にしたがって生きる人が増えると、実は世界はどんどん繁栄していきます。

自分がやりたくない（または苦手な）ことがあるということは、逆にそれをやりたい（得意な）人が、必ずどこかに同時発生して存在しているということ。なぜなら、体を持って生まれた私たち人間には、世界を良くしていく、自分だけの役割を必ずもらっていて、その役割を果たすことこそが本当の自分を生きて、やりたいことをやっていくことになっているからです。

宇宙には、すべての人に素敵な体験をたくさんさせながら、楽しく幸せにしたい、という意図があります。ですから、**自分が本当にやりたいことで生きることはもともと、全体を繁栄させていく、という宇宙の意図とピッタリ合っているのです。**

そのことに私たちは最初からは気づいておらず、本心を選んで生きようとする中で初めて学べる仕組みがあるというところが、ある意味宇宙の策略といっていいでしょう。

ですから、本当は「私はこれが苦手でどうしても興味が湧かないから、本当はこっちの仕事がしたいの」と素直に自分を出すようにすると、「それやりたい」という人が現れたり、「それ得意だからやりますよ」という人が現れるようになっています（これも「需要と供給はセット発生」の法則です）。

「私がやりたくないこと」を「やりたい」人も同時発生している

社会の多くの場面では、素直な自分の心を出せていない人がまだ多いと思います。

かくいう私も数年前まではそうでした。自分が苦手な仕事に日々囲まれていて、誰かに指示を与えるような仕事は大嫌いなのに、頼まれたら断りづらい。

「私がやらないとどうせ誰もやりたがらない」「自分が我慢することによって部署がうまく回るんだから仕方ない」こんな風に思い込んでしまっていて、「お給料＝我慢料」のように何十年も捉えていました。

ドラえもんの道具の中に「いやな目メーター」というものがあります。これはたとえば、のび太がテストで0点を取ってお母さんに叱られたときなど、嫌だなあ、という思いをしたときに、その「嫌だと感じた度合いに応じて」お金がチャリーンと出てくるという道具。

私は、職場で全く面白みを感じない仕事やプロジェクトに関わっているときや、苦手な会議に長時間参加しているときは、いつも「いやな目メーターがあったら今〇〇円くらいだな」と想像していました（笑）。

仕事をしていると、人の分まで一生懸命働いていると思っているのに、理不尽なことを言われたり、矢面に立たされて攻撃されたりすることもあります。そんなときも

「今日は10万円入った！」と想像しては「これだけ嫌な思いをするってことは、私は頑張ったのだ」と間違った方法で自分を慰めていたのです。

解決法は簡単だったのに。「私はこの部署のこのポジションではなく、他に興味があって頑張りたいことがあります、そちらに行かせてください」と一言言えばよかったのです。

でもそれができないまま退職しました。もちろん置かれた場所で、学んだこともたくさんあるし、大変な仕事をひそかにサポートしてくれた人たちもいましたので、感謝はたくさんあります。が、「これがやりたい！」と素直に自分の希望を言えないまま終わったことについては、その後の人生に大いに活かしています。もうそんなことはしない、やりたいことをどんどん声に出し、行動していくぞ、と。そして、その通りにしだすと本当に運も開けてきたのです。

私の代わりは誰もいないだろう、とか、誰もこんな仕事担当したくないだろう、というのも思い込みだった、というのはあとでわかったことです。

私は人の上に立ったり、指示を出したりする仕事が苦手でした。自分がそうだから、みんなこういう仕事は苦手なんだろう、作る書類もややこしいし全く面白くないし、会議はいつも長いし、と思っていたのですが、案外やりたそうな人いるよ、とあとで聞くことがあったのです。

世の中には長い会議が好きな人もいるんです！　会議に出ているとだんだん元気になるという人が。また、クレーム対応が得意です、という人もいるし、創造力に長けていて、何もないところから難しいプロジェクトの案を作ったりするのがワクワクするという人もいるんですね。

自分がこうだから他の人もこうだろう、というパターン化した思い込みが、自分を苦しくさせていたのだとのちのち気づいたのです。

3

「誰ともテリトリーはかぶらない」の仕組み

自分の心の声を偽らず「私はこれをやりたいの！」で行動する人が増えると、宇宙における、人間の興味関心の分散と、それぞれの役割担当の交通整理は、ますますきちんと整うようになっていきます。

ちょっとドキッとするかもしれませんが、**自分の本心を偽ることは、宇宙に嘘をつくのと同じ**なのです。

嘘を言っている（心の声を偽る）人に対しては、宇宙さんは「嘘発見器」で見つけていかないと、宇宙の適材適所をうまく進めることができないのです。偽りに隠れた本当の心を見つけていく作業には、手間ひま、時間がかかります。

だから「私はこれがしたいの！」を「率先して」伝えてくれる人のほうへ、エネルギーが流れやすくなるのです。「私はこれ！」を素直に伝えるほうが絶対いいということ。

私たちの興味関心は上手に分散されていますから、私がこれをやると誰かと取り合いになるのではないか、という心配は不要です。全く同じ仕事をしていても、「あなたからもらいたい」という人が引き寄せられるようになっています。

第1章で出した質問の中の、あるケーキ屋さんのケーキだけバカ売れして、他の店のケーキは1個も売れない、なんてことはないというのと同じ。あそこの店の味が好き！　という人がいれば、「私はその店よりあっちのほうが好きだな」という人もいて、「ケーキは食べないのよ」という人もいる。

テリトリーがかぶって大変になることは、本当はないのです。

4

宇宙に一人勝ちはない。みんなが勝つようになっている

この宇宙において、誰か一人だけが勝ち、はありません。たとえそのように表面上は見えても、です。誰か一人だけに人気が全部集中したり、誰か一人だけが世界中のお金を一人占めしたり、なんてことはないのです。心から願えば、一人ひとりが願った形で生きられるようになります。

ただ、何がどれくらい自分のところにやってくるか、というスケールの大きさはその人の「意図」によって異なるのです。

たとえば社員10人の会社を、アットホームに経営したいAさんという人がいて、一方で全世界に支店を持つような、世界的企業の社長になることにワクワクしているBさんという人がいるとします。

同じ社長といっても、人の願いの形はこれくらいバラバラです。やってくる現実は

その願い（意図）のスケールに比例しますので、受け取るものが変わるということなのですが、**必ず自分が欲しい形がきます**。Aさんは世界的企業にはワクワクしないし、Bさんはその逆なのですね。

それでも、Bさんのほうがすごい、と見えてしまう人がおそらく多いと思います。これは、先述した、大きなことをしている人がすごいという本当は根拠のない思い込みが世間に浸透しているからです。

しかし、AさんもBさんも「自分が一番願った形」を引き寄せているのだから、どちらも勝っていて、どちらもすごいのです。

やはり宇宙の仕組みは、全員が欲しい形でうまくいくことによってみんなが勝ち、一人占めが起こらないようになっているのです。

5 他者の幸せを意図すると自分の運も開けていく

ここまでお読みいただいたところでさらにひとつ、大事なことをお伝えしたいと思います。

それは、**「みんなが全員で栄える」「共に良くなる」という意識で一人ひとりが過ごしていくと、世界が幸せに拡大する**ということ。

これは、ここまでさんざん述べてきたように「自分が好きな形で」ということが前提ですから、誰もが社長にならなくていいし、会社勤めでも自営でもいいし、専業主婦でもいいし、何歳になっても学生をやってもいいのです。

とにかく自分が栄えると周りも栄える。そしてみんなが共に上がって、好きな形で繁栄するということを、自分の願いとくっつけてしまって大丈夫、ということなんです。

整理すると、**自分が自分の欲しい形で願いを叶えると、自分も、身近な人も、世界の遠くにいる人もみんなが良くなるように、役割分担がされていく**ということ。

潜在意識には人称の区別がない

人間には誰にでも「自分一人が良くありたい」という思いが少しくらいあったりします。しかし、実はそれは自分が人より良くあればとりあえず安心だ、という恐怖感から出てくる気持ちだったりするのですね。

あの人より私はまだ一歩進んでいるから大丈夫。そんな永続的ではない安心感を維持したいために、誰かを下にして、自分よりかわいそうな人のポジションに置きたくなる心を、実は誰もが少しは持っているものです。

追われる恐怖をぜひ、「全員で繁栄するとどこにも不安はなくなる」という意図に変えていただきたいと思います。

相手の勝ちを祈ると自分も勝つということは、潜在意識のレベルでも説明ができます。

潜在意識には人称の区別がありませんから、人に対して「失敗すればいいのに」とか「あの人はうまくいってない」という意識を持ち続けていると、それを自分のことだと判断してしまうのです。みんなが良くなることを意図するのは、実は自分がどんどん良くなることを意図しているのと同じなのですね。

誰かが勝って、誰かが負けて、誰かが上で、誰かが下、という時代はもう終わりかけています。

「私も良くなるけど、周りも一緒に良くなる」という思考を積極的に使っていきましょう（「私も」も大事。「私は犠牲になって」はダメですよ！）。

他者の幸せを意図すると、自分の運も勝手に開けていきますよ。

第 7 章

本心で生きるからこそ幸せになれる宇宙の仕組み

1

自分の本心を生き出すと「おかげさま」がわかり出す

私が今の仕事を「残りの人生で携わる天職」と感じて決意し、自分の人生を生き出してからわかったことがあります。それは、

「本心を素直に遠慮なく生きると、宇宙のおかげさまがよくわかるようになる」

ということ。

本当はこんな風に生きたいな、こんな天職につきたいな、という自分の気持ちを素直に選んで行動し始めたときに、すぐにあることに気づいたのです。「あれやりたい、これやりたい、は出てくるようになった。でもそれを完成させるには自分一人の力だけではできないことばかり」という真実に。

私は、最初は個人コーチングセッションから今の仕事をスタートさせたのですが、

多くの方が会いに来てくださるようになるにつれ、セミナーや講座など大勢に一度にお伝えする場面のニーズが出てきました。これらは夢の設定通りの引き寄せでした。

しかし、夢は叶っていくけれど、だんだん作業が一人では手に負えなくなりました。セミナーでも、受講受付事務からはじまって、会場でのお手伝いや受付、セッティング係などまで多くの手がないと成り立ちません。

私が講座やセミナーなど好きな天職を生きようとすれば、必ず陰の部分でサポートしてくれる人が必要です。

本を書くにしても、原稿を書いたら勝手に本になるわけではなく、編集者さんの作業があって本らしくなり、デザイナーさんやイラストレーターさん、営業さんなどの多くの手があって世に出ていくことができます。私がやるのは一番やりたいこと＝原稿を書くこと、だけ。

本を出す、という願いを、執筆以外の仕事を分担してくれる方々のおかげで叶えることができるのです。

規模の大きなことをやろうとすればするほど、手が多く必要になるので、自分の本心を生きるにはおかげさまの力なくしては完成しない。そして、そのおかげさまも、まさに宇宙の「需要と供給はセット発生」の法則とも絡んでいて、事務作業が好きな人、ウェブ全般の仕事が得意でサッとやってくれる人、会場でニコニコ受付をやってくれる人が集まってきてくれるのです。

講座などでは、私はよく終了後に懇親会をして受講生さんたちと雑談するのを楽しみにしています。そんなときも、必ず「ＭＡＣＯさん、私お店探ししてみなさんに伝えてセッティングしますから、ＭＡＣＯさんは講座のことだけに集中してくださーい！」という人が出てきます。

それが得意で楽しい、と感じてくれる人がみんなやってくれるようになる。こういった宇宙の適材適所の采配があるおかげで、私はいろんな形でやりたいことにエネルギーを注げるので、こうしてパワー全開で伝え続けることができているのです。

ただ感謝しかなくなる

不思議ですが、「私これがやりたい！」と自分の心に素直になればなるほど、「私ってやりたいことそのものしかできないんだ……」という逆の真実を知ってしまうことになっていったわけです。

そして宇宙のおかげさまの仕組みが肚落《ハラ》ちしていくと、だんだん自分の心に強く深い感謝が生まれました。

ブログを読んでくださる読者様も増えて、そろそろ別にオフィシャルのホームページも必要では、となったときも、私の脳内ではホームページのイメージだけはワクワクとじゃんじゃん出てくるのですが、どう作っていいかは全くわからないわけです。

すると、それをしてくれる人が現れる。すでにそばにいてくれている。必要なことが出てきて、「この人！」と思って頼んでみると、快く引き受けてくれる。おかげさまなくして天職は成り立たなかったのです。

私が自分の本心を偽って生きていたとき、やりたくない仕事でも、いい人に思われたくて「できないです」を言わずに引き受ける、というような仕事の仕方をしていたときも、もちろん「おかげさまの力」をたくさんいただいていました。

しかし、任された仕事が無事終わったとしても、サポートしてくれる人たちがいたとしても、「私はみんなが嫌がる仕事をかぶってるんだから、これくらい手伝ってもらっても」というような黒い声が、自分の内側から先に出たりしていたんです（苦笑）。イヤイヤやっているから、感謝よりも犠牲意識のほうがいつも強い、こんな心の傾向がありました。

苦手なこと、やりたくないことをやる場面になっても、それを「どう意味づけて行動に移すか」によって、その後の展開は変わりますから、「少し苦手だけど、これをやり切ると必ず良き自分の進化につながる！」などと良い意図に変えたりしていくことが大事です。

でも私の場合は、何かを達成しようとすればこれだけの数のおかげさまの力が必要なのだとわかると、意図を変えようと意気込まずとも、「私のこれやりたい！　これが好き！　の気持ちを受け入れてサポートしてくれてありがとう、好きなことをさせてくれてありがとう」と、ただただ感謝しかないと思うようになったのです。

2
「やりたいことで生きる」と決めた人から運が向いてくる

やりたいことで生きると決めたら運が向いてくる。これは、運が向いてくる人がいて、向いてこない人もいる、という意味ではありません。しっかりやりたいことを決めた人（意図、決意が肚でできた人）からオーダー順に宇宙サポートが入り出す（＝運が向いてくる）という意味です。

「これこれ、お願いね！　私はこうなります、なった自分で生きます！」などと宣言すると、「ああ、あなたはそれが欲しいのね」とはっきり伝わるので、**宇宙のほうも何をしてあげればいいかが、ようやくわかるからです。**

宇宙へのオーダーシステムは非常にシンプルな構造になっています。先に書いたように、しっかり意図を宇宙へ届けた人から順にサポートが始まる、という構造があります。これは店で食べ物を頼むときや、買い物をするときの状況と置き換えて思い浮かべてみるとよくわかります。

たとえばファミレスで、欲しいもの（食べたいもの）が決まると、店員さんに「〇〇をお願いします」と決めたメニューを通しますよね。

店内にはテーブルがたくさんあって、1番テーブル、2番テーブルとお客さんがメニューを考えていて、1番テーブルの人が先にパスタを頼んだとします。すると、オーダーが通ったパスタの調理が厨房で始まりますよね。その後2番テーブルの人がきつねうどんを頼むと、その調理も始まります。

こんな感じで、**オーダーが「明確に決まって」「伝わった」ときから動き出すという仕組み**なんです。だからこそ、「明確に」「何が欲しいか」を伝えなければならないのです。これが「意図する」ということなんですね。

量子力学では、決めると、決めたゴールに周波数が合う＝波動が合う、と言います。脳科学でも、ゴールを決めるからこそプロセスが起きると言います。

私が学んだＮＬＰコーチングでは、コーチが講義の中でよく、「意識を向けたところにエネルギーは集まる」とおっしゃっていました。それがずっと心に強くあって、他の学びと全く一致していることにワクワクしました。

そこに意識を向ける、とは「何が欲しいか、どうなりたいか、を宇宙に宣言する」ということです。この宣言がオーダーであり、オーダーした瞬間、オーダーした人と叶った世界とは周波数が一致しているのです。

ひとつ解説を付け加えておくと、1番テーブルの人が注文したパスタのほうが早く調理が始まっても、2番テーブルの人が注文したきつねうどんが先に出されることがあります。宇宙のお届けタイミングがオーダーの順番と違う、というやつですね。これを現実世界に置き換えると、**タイムラグ**の解説ができます。

たとえば、AさんとBさんが同じタイミングで願いごとを決めて、宇宙に宣言を放ったとしても、Aさんの願いごとのほうが早く叶うことがある。Bさんのはずっとずっと遅れて叶うので、叶うまでの間、私の願いはもう叶わないのではないかと不安に思う。なぜAさんには来て、私には来ないの？　となってしまう……。

結果的にこういうタイムラグが出てきます。宇宙が注文品を作るのにかかる時間が違うためですが、これは、オーダーされたものは、**その人にとって一番良いタイミング**で届けられるからです。望ましいお届け時期が人によって違うので、叶う時期が違ってくるのです。

今受け取るのが一番いいタイミングですよ、という瞬間に願いは叶います。ですから、同じタイミングでオーダーしても、どちらかが早かったり、先にオーダーした人があとに受け取ったりすることもあるのです。

ただし、宇宙のサポート準備はオーダーが放たれた順番で始まりますから、やりたいことが何か、どうなりたいか、という自分の心を知ることが何よりも先決なのです。自分の本心がわからないとオーダーできませんものね。

「私はパスタが食べたいか、きつねうどんが食べたいか、どっちでしょう?・」という質問は宇宙にはできません。それは自分で決めないといけないのです。

3 「偽りの選択」を捨てると本当の引き寄せが起こる

脳科学的視点から見ると、願いごとの設定の動機には2種類あります。

ひとつは「〇〇しなければ。さもないと××になってしまうかも」という恐れからくる強制的動機。

そしてもうひとつは「〇〇するのが好きだから！　したいから！」という自然に湧き起こってくる価値に基づく建設的動機です。これは引き寄せの法則を使って説明すると、「ワクワク」の動機と表現されます。

あなたが何かをしようと決めるとき、その動機の発端の感覚をとってみるようにしてください。もし前者の「恐れ」からの場合は、「失敗したくないから予防線を張るために」とか「とりあえず」とか、そんな心の声が聞こえてくるかもしれません。本当はそれがやりたいわけじゃないけど、まずいことにならないためにやっておいたほうがいい、という計算が働いています。

実は、この「計算・打算の選択」を捨てていくと、あなたの人生を心から楽しめる本当の引き寄せ、というのが起こってきます。

私の娘を例に挙げます。娘は、2浪した末に行きたい大学に合格しました。とある専門職につきたくて、非常に門戸の狭い学科を受けていたのですが、現役では勉強不足で不合格。1浪目で猛勉強し、1年で偏差値を20近くもアップさせましたが、合格に届かず。2浪目では話し合いの上、滑り止めを受験しました。

滑り止めには数校受かったのですが、本命は前期日程ではまだ合格が出ず。そのとき、もう2年目だからダメだったら受かったところに行くような話までしていたのですが、後期日程の合否結果が出る前に、押さえていた滑り止めを辞退すると本人が言いました。

本命は難関なので、これだけ勉強していても、もう1年頑張って受かる確実な保証はなく、そのため普段は「好きなことを選びなさい」と言っている私もふと恐れが出て、娘の本心でない選択に誘導したくなっていたことに気づきました。

宅浪（自宅浪人）して何年かかってもその仕事に就ける勉強ができるよう頑張る、それが人生のワクワクだから、という娘の声を聞いて、はたと我に返り、押さえていた学校を辞退したのです。

するとその数時間後に、ある人がツイッターで「（娘の手放した大学・学科の）補欠が回ってきた、嬉しい！」とつぶやいているのを娘が見て、「あ、これ私が辞退した枠だ！　私はまだ本命受かってないけど、行きたいと言っている人にその枠を回せた。これはいいことだし、私もワクワクする」と思ったんだそうです。

こうしてぎゅーっと握っていた恐れをひとつ手放して、なんの保証もなくなった次の日、本命の合格が来ました。

「ひとつ手放すと新しいものが入る」ということと、**「恐れからの選択を止めると本**

当の幸せが手に入る」という引き寄せの法則をひしひしと実感した体験となりました。
本当の引き寄せを起こすには心の嘘を手放すこと、なのです。それはときに大きな勇気が必要となりますが、えい！　とワクワクを選んだときにこそ、宇宙が一番味方してくれるのではないかと思います。

4

最終決断は人に聞いてはいけない

自分らしくこれを叶えて生きる、と意図すると、それを叶えようと宇宙のサポートが入りだします。

「私はこれをこうするから、後押しお願いね」

こういう宣言は何度でもしたらいいと思います。宣言し直すたびに、その意図に意識がぴったり合って、高い周波数で生きる自分でいられるでしょう。

叶えていくプロセス上のことでお伝えしたいのが、**何を決めるにしても、最終決断は自分でする**、ということです。

自分が決めた人生を歩いていこうとするプロセスでは、いろんな悩みや不安にぶち当たったり、その感情を上手に受け入れていくことをしていきますが、これは違うな、と感じたりしてその都度その都度、選択をしないといけないことが起きたりします。

悩んだとしても、そのときの「なんとなくこっち、これだ」というただの直感でいいので、自分で選ぶようにしてください。

私はどうしたらいいと思う？　という質問を誰かに投げるのはナシです。

決断を自分でしていくことを重ねていくと、必ず、自分の真の心を生きる人になれます。占いもグッズもいろんなメッセージを受け取るツールも、全部サポートであり、あなた自身に取って代わることはできません。

出たことをヒントと捉えて、ではこれを参考にどうするか、を自分に問いかけてあげてください。私はこれ、こっち、こうする。そんな風にどんどん選択ができるようになったとき、すでにゴールを達成しているのではないかと思います。

5

自分に嘘つくは宇宙に嘘つくと同じ

私たちは大いなる宇宙の一部を構成する大事な1ピースです。これまでの章で述べてきたように、大いなる宇宙の意図、私たちがこの世に生まれた理由は、一人ひとり与えられた違う体で、それぞれしたい体験を存分に楽しんで欲しい、ということです。

そもそも生まれたときから「違い」があり、「違う」ことを体験、または表現するために生を受けているのです。ですから、「他者と違う」ことで心の痛みを感じたり、自分の本心を偽って他者と同じ人間になろうとしたりすることは、本来与えられた生を宇宙の意図の通り生きることにはならないのです。

これは、宇宙に対して嘘をついていることになります。

「みんなが違う」ことが宇宙の大前提だとしたら、「違い」を感じることによって、喜びや楽しみ、面白みが増えるということ。

そして、それぞれどんな価値観を持っていてもいいのです。ひとつに意見をまとめなければならない場合は、お互いの「違い」を、そういう考えもあるのだなと認めた上で、全体像としてどういう形を選べばその場が良き方向に行くか、コミュニケーションをとればいいだけです。

私もヨシだけど相手もヨシであるという捉え方。折り合いがつかないようだったらどうしたらいいか伝え合って、良き方向性を探るという考え方です。

こうすれば、世間で起こっている価値観のズレからくる揉めごとの多くは解決しやすい方向にいくと思います。

すべての争いや揉めごとは「自分の価値観が正しい、他者は間違い」という考え方からきていて、自分の心の苦しみは「他者と違う価値観ではいけないのだ」という間違った捉え方からきているからです。

自分の心に嘘をついて、ストレスをためながら他者の考え方で生きることは、結果的に宇宙に嘘をつくのと同じになります。「あなたのヨシ、を生きなさい」と言われているのに、ヨシとしないことを選ぼう、選ぼうとしているのですから。

違う見え方をする脳をそれぞれの人が持っているからこそ、生きる面白みや楽しみが増すのです。

6 自分自身に自信を持つのでなく、自分のやってきたことに自信を持つ

自分に自信が持てない、自己肯定感がなかなか上がらない、という方へ。

自分を肯定できないと、いつも何か別の存在になろうと頑張ろうとする、という思考や意識の状態と、それに付随して起きてくる行動とに縛られることになるでしょう。自分は今のままではダメだから、何かになろうとしている。これは、**結局自分の心がいつも「今」に存在していないということ**ですね。

私の体験からお伝えしたいことなのですが、私も自分に肯定感が全く持てない人間でした。自分には何かが足りていないといつも思っていたので、足りていない部分を補おうとばかりして、苦しい気持ちがずっとありました。不足している自分が判断のベースだから、心が満たされているときが全くなかったのです。

人生の試行錯誤を繰り返しているときは、ありとあらゆる勉強をしてきました。本も読みあさったし、あちこち学びにも行きました。でも結果としては、直接役に立つスキルが身についた、というわけではなかったのです。

しかし、今思うのは「自分自身にはまだ100パーセントの肯定感は持てないけれど（ここは正直に認めて受け入れています）、それでもいろんなことをやってきた、ということには自信が持てる」ということです。

これはどういうことかというと、自分自身というより、自分のたどってきた軌跡（あしあと）に対して自信を持っている、ということです。

うまくいかなかったことのほうが多かった気がします。それでも、そのうまくいかなかったというプロセスが、あんな体験だって越えてきたんだから、今後何があっても大丈夫でしょう、という自信になっているのです。

無理にしんどい体験を求める必要は、全くありません。ですが、自己探求していく間にしんどいと思うことは起きてきます。なぜなら自分が「気づいて」新しい世界へステージアップしようという気持ちがもともとあるから。気づきはそんなタイミングに起きてきますから。

自分自身に自信が持てなくても、本当は大丈夫です。これを読んでくださっているみなさまの年代はバラバラだと思いますが、自分があれこれやってきたことにはすべて自信を持っていただけたらな、と思います。

あんな体験、こんな想い、その深くて濃いプロセス全部が今のあなたを創っていますし、支えているのです。

7 「すごい」の概念を書き換える

人生を変えることについての発信をしているからこそ、再度伝えておかないといけないことがあります。それは「『すごい』の概念」を書き換えよう！　ということです。

私自身、普段ふと流されそうになることがあるのですが、見えている数字にとらわれて「大きいことがすごい、小さいことはすごくない」と思ってしまうことがあるのです。それもほとんど自動的な反応のように思考してしまっています。

たとえば、ブログで1日10万アクセスある人がすごくて１００アクセスの人はすごくないとか、１ヶ月に１００万円稼ぐ人はすごいが20万円の人はすごくない、とか。

注意するのはまず数字です。桁が大きい人はすごい、小さい人はすごくない。こういう刷り込みがあると、自分のことも含めてこの価値観ですべてを判断し、誰かを必要以上に崇めたり、必要以上に自分を低く評価したりすることにつながります。

数字じゃないのです。自分が何をしたいのか？　したいと思っていることをしたい形で叶えている人が「本当のすごい人たち」です。

そして、10万アクセスでも100アクセスでも、どちらにもそれを必要な人が引き寄せられてきていますから、どちらも「すごい」です。数が大きいことが幸せだと思い違いをすると、本当は欲しくないのに、豪邸を建てたいと本心でない願いを持ったり、そこまで望まないのに、むやみにお金がたくさんあればいいと思って、そんな人を崇めたりするようになってしまいます。

人と比べる尺度は存在しない

大事なことは、「自分はどうであったら、本当に幸せなのか？」という問いかけだけです。大切にするのはそこだけです。

たとえば、毎月生活費を捻出するのも精一杯だったAさんという人が、念願叶って年商1億円の社長になったとします。それはたしかにすごい、と言われるかもしれませんね。

しかし、その「すごい」を本当はどこに向けて言うのかといえば、「1億円」ではないのです。「1億円の売り上げをあげるくらいの社長になるぞ!」というAさんの心からの願いを、自分の思考と意識、行動と習慣によって成し遂げたという「願ったものを願った形で引き寄せられた」ということに対してなのです。

10万円でも100万円でも1000万円でも、**自分が一番叶えたい形を叶えることが「すごい」のである**、ということがわかると、自分以外の人と自分を比べる「尺度」はそもそも宇宙に存在していないことに気づくはずです。

そう、私たちは最初から誰とも同じ尺度で比べられはしないのです。

他者と自分を比べては、自分を責めてしまう癖がある方は、この話を時々思い出していただけたらと思います。そして、「自分が一番叶えたい形はどういうもの?」という本質的な質問を、折に触れて自分に問いかけてあげてくださいね。

8

私という人生を生きて、私だけの人生を創る

「自分らしく生きる」とは、自分の本心を生きているということ。
自分の本心をちゃんと知っていること、無視していないこと。
私は何が好きで、何が嫌いなのか。
何が欲しくて何が欲しくないのか。
どんな人生のビジョンを持って、日々過ごしているのか。

自分をよく知っている人は、普段から自分との対話が多いです。自分に聞くことが習慣になっているから、小さな違和感のサインにも気がつく、感度の高さを持っています。

「これ、ぜひやりたい！」と思って何か行動するとき、私たちの潜在的なパワーは大

いに発揮されます。しかし、やらされていると思うと、どんなことにも、本当にはエネルギーが乗っかりません。

自分を生きている人は、他者から何か提案があったとき、イエスかノーか、心がちゃんと答えを出せます。

先ほども言いましたが、ノーと言うためには、ノーなのか、イエスなのか、自分の中でわかっていないと、相手に返事すらできないのです。他者が知っている「私」とは、外側から見えている私の「姿」だけです。心の内側、些細な心の反応など全部は、他者からは絶対に見えません。自分を本当に知っているのは自分だけ。

だからこそ、本当の自分の人生を生きるには、自分に聞いて、行動し続けることしかやることはないのです。自分との対話は、何も難しいことではありません。心の声を丁寧に拾い、聞いてやり、側にいて寄り添い、ただ受け入れるだけ。これからどうしたいのか、その願いをまた聞いてあげるだけです。

これだけたくさんの人が世界中に存在しているのに、自分と全く同じ人が2人と存在しないということにも、ちゃんと宇宙的な意味があります。あなたがあなたらしい、あなただけの人生を創造できるように、宇宙は絶対に、全く同じ人を2人と作らないようにしているのです。それくらい、宇宙の創造性はすごく精巧です。

存分に、そして遠慮なく、「私だけの人生」を創っていきましょう。たくさんの喜びの体験を、この体に思い切りさせてあげましょう。

おわりに

あらゆる苦しみは、他者との違いを「いけないことだ」と捉えた途端に発生する

私がこのことに気づいた瞬間が、人生の転換点となりました。

「なぜ私は、いつもこんなに心が苦しいと感じてるんだろう?」

この疑問の答えは、突き詰めていくと、自分へのあくなきジャッジの連続が原因だったのです。誰かと自分を正確に比べる尺度が存在しないことに気づくまでにも時間がかかりました。

自分を知る、とは自分の「本心」を知る、ということです。自分は何が好きで、何が欲しくてどう生きていきたいのか? どんな人と関わって何を自己実現していきたいのか?

「願い」は100人いたら絶対100通りあります。ひとつとして全く同じものはありません。同じ職業を目指していたとしても、細部まで同じ願いの形はただのひとつ

もないのが、この宇宙の定義でもあるのです。

違いからスタートして、違いに戻っていく。本来違いを知るということは、すなわち宇宙にあるあらゆる喜びを知ることであったのに、いつのまにか、自分を否定したり、行動を抑制したりする方向へ思考が使われていました。

違うことで苦しみ、違うことで自分を責めて、心を偽る。だからいつもストレスがある。もうそんな人生の創り方はやめていきませんか？

それぞれが違っていることをヨシ、と思えると、自分もヨシになり、同時に他者もおのずとヨシになってしまいます。この形こそが宇宙が意図している形です。

違いを表現するため、それを味わうために肉体があります。思う存分体験を楽しんで、本当に自分が願った形を創っていってください。

そして、人生というのは「やめない限り続く」もの。これを叶えて喜びで生きたい、という願いは、「やめない限り」つねに叶う可能性を維持していることに気づいてください。

私が40代半ばを過ぎても、年齢が若い世代の方々と同じくらい、いえ、ときにはそれ以上のパワーで人生を変えてこられた大きな理由のひとつが、「願いを持つことをやめなかった」というシンプルな実践を続けたことなんです。

「私はこれが好き！　こうしたい！　こんな風に人生を生きたい！　という本心からの願いが、もう諦められません」という人であれば、願いが叶うことは約束されていると思います。そんなみなさんを応援しています。

2018年4月　MACO

MACO｜まこ

メンタルコーチ。1970年生まれ。20代のころから成功哲学を学びはじめ、思考の現実化について探求し続けるが、何一つ願いは叶わなかった。

引き寄せの法則については、これで叶わなかったら心の探究はもう終わりにしようと思いながら学びはじめたところ、ネガティブ思考の強かった自分自身にしっくりくるやり方を見つけ、そこから急に、現実が開けていく体験をする。

探求心旺盛で、これまで合計3つの大学・大学院を修了したほか、脳科学、NLPコーチング、各種セラピーなどの学びも修める。

現在は、引き寄せ実践法アドバイザー、メンタルコーチとして活動中。セミナー、講座は即日満席、予約がとれないほどの人気ぶり。ブログでは、日常に活きる、心が楽になるヒントを発信し、毎日多くのファンが訪れる。

『ネガティブがあっても引き寄せは叶う！』（大和書房）、『ネガティブでも叶うすごい「お願い」』（KADOKAWA）、『「お金」のイメチェン』（マガジンハウス）、『ネガティブ思考があっても最高の恋愛・結婚を叶える方法』（WAVE出版）など著書多数。

本当《ほんとう》の私《わたし》で生《い》きる

他者《たしゃ》との違《ちが》いをヨシとすると宇宙《うちゅう》の後押《あとお》しが始《はじ》まる

2018年5月25日　第1刷発行

著　者　MACO《まこ》
発行者　佐藤 靖
発行所　大和《だいわ》書房
東京都文京区関口1-33-4　〒112-0014
電話 03-3203-4511

装　丁　白畠かおり
イラスト　毛利みき
カバー印刷　歩プロセス
本文印刷　信毎書籍印刷
製　本　小泉製本

ISBN 978-4-479-78423-4
乱丁・落丁本はお取り替えいたします
http://www.daiwashobo.co.jp